어느 결에 팔팔(88)이

이범찬 수필집

소소리

어느 결에 팔팔(88)이

이범찬 수필집

1판 1쇄 인쇄/ 2019년 10월 10일
1판 1쇄 발행/ 2019년 10월 15일

지은이 / 이 범 찬
펴낸이 / 우 희 정
펴낸곳 / 도서출판 소소리

등록 / 제300-2007-21호
주소 / 03073 서울 종로구 성균관로 5길 39-16
전화 / 765-5663, 010-4265-5663
e-mail: sosori39@hanmail.net
www.sosori.net
값 12,000 원

ISBN 979-11-5891-127-0 03810

이범찬 수필집

어느 결에 팔팔(88)이

소소리

책을 내면서

다가선 산마루터기

아주 먼 곳에 솟아있던 산이었다. 숨차게 달려오다 보니 어느 결에 마루터기에 올랐다. 한숨을 내쉬며 지나온 발자취를 되돌아보자니, 함께 걸어온 길동무들을 생각하며 가물거리는 기억들을 되살려 보고파 또 하나의 이정표를 세운다.

그동안 틈틈이 적어둔 내 삶의 흔적들과 여로에 만난 분들의 사연까지 한데 엮어 추억의 메아리를 함께 즐기련다. 내 색다른 시도에 공감하여 어려운 속내를 드러내주신 여러분에게 충심으로 감사의 뜻을 올린다.

또 힘겨웠던 내 늙마의 오솔길에 애정 어린 격려를 보내주신 문우들과 상남 시백 내외분에게도 마음 깊이 고마움의 뜻을 드린다.

2019년 가을에

저자 이 범 찬

▶차 례

1. 먼 곳 나들이

2. 가까운 곳 나들이

3. 마음을 달래며

4. 길동무의 사연

10층까 즌 짐

1

남녀 혼욕탕에서

아침 일찍 서둘러 핫코타산(八甲山) 관광길에 나섰다. 케이블카에 매달려 정상에 올라 꽃보다 아름다운 상고대의 절경을 내려다본다는 기대에 마음은 한껏 부풀었다. 그런데 웬걸, 푸근했던 날씨가 산이 다가올수록 흐리더니 눈발이 휘날린다. 매화가 만발한 봄철인데도, 길가에는 녹지 않고 쌓인 눈의 높이가 1미터를 넘는다. 거센 바람마저 불기 시작한다. 안내자가 알아보니 정상의 바람이 너무 강해서 케이블카 운행이 중단되었다고 하지 않는가. 아쉬움을 읊어보았다.

흰 눈으로 단장한 높고 깊은 산마루
몰아치는 광풍에 곤돌라도 몸 사리니
아쉽다, 상고대의 꿈 허공으로 날렸네.

－「핫코타산 오르다가」

그러나 뜻밖에도 눈보라 휘날리는 설경을 볼 수 있었고, 중턱쯤 내려오니 진눈개비로 변해, 이 또한 색다른 풍광이다. 뿐만 아니라 시간의 여유가 생겼으니 온천에서 여유롭게 피로를 풀 수 있겠다며 모두들 들떴다.

아오모리 지역에는 핫코타 연봉만큼이나 이름난 온천이 많다. 젊었을 때 아오모리에 사는 지인, 이시야마(石山) 씨의 안내로 남녀 혼탕을 갔다가 놀랐던 기억이 떠오른다. 넓은 탕 안에는 짙은 수증기가 가득 차있어서 옆 사람의 얼굴도 식별하기 어려워 실망을 했었는데….

온천의 수질이나 구조는 각각 특색 있게 다르지만 여기 저기 산재한 혼탕을 그대로 유지하며, 보존협회가 앞장서 혼욕문화를 관광 상품화하고 있다. 우리가 찾아간 온천은 국민보양온천지 제1호로 지정된 곳인데, 수질이 산성이라 스가유(酸ヶ湯)란 이름이 붙었나 보다.

입구의 탈의실은 남탕과 여탕이 반대방향에 있었는데, 옷을 벗고 들어가 보니 같은 욕탕에서 만난다. 두세 평쯤 되는 열탕가의 중앙에 '男' 자와 '女' 자가 쓰인 나무 말뚝이 꽂혀있어 서로 넘어가는 것을 막고 있을 뿐이다. 이 온천은 규모가 작아서 넓은 여자 전용 열탕만 뒤편으로 붙여 놓았고, 남자들은 탕 밖으로 나와 샤워를 하게 되어 있다. 수증기도 진하게 서려 있지 않아서 훤히 보이니 남자만 손해(?)를 보게 된 묘한 구조이다.

마침 젊은 남녀 한 쌍이 들어와 있다가 여자가 먼저 나가며 매끈한 뒷모습을 보여줘서 그나마 보상을 받은 느낌이었다. 나는 대한남아의 기상을 자랑한다고 활보하다 시조 한 수를 남겼다.

핫코타산 깊은 골에 넘쳐나는 열탕 물
남탕 여탕 따로 들어 혼욕탕 모여드니
음양이 기를 나누어 편하기 그지없네.

-「스가유, 酸ヶ湯」

나와서 생각해보니 이 시각에 찾아든 욕객은 동행한 한국인 관광객뿐이 아니었던가싶다. 실속 없이 허세만 부린 꼴이 됐다.

다시 찾은 오키나와

금년엔 아내의 제안에 따라 설을 양력으로 쇠었다. 음력설에는 연휴가 나흘이나 되니, 막내아들과 딸이 함께 여행을 떠나자고 한다. 수없이 여행을 다녔지만 주로 혼자 다녔다. 가족나들이라곤 처음이니 그네들의 효도관광 제안이 고맙고 신선한 즐거움으로 다가온다.

먼 곳은 힘에 부쳐 갈 수도 없는 처지다. 궁리 끝에 오키나와로 낙착됐다. 현지에 가면 렌트카로 섬의 구석구석을 달려볼 수 있다. 운전은 막내가 잘하니 걱정 없고, 말은 내가 통하니 문제될 것이 없다. 숙소도 저렴한 곳을 찾아 예약을 했으니 잘 짠 환상의 나들이 기획이었다.

서울은 추워서 몸이 움츠러드는 판인데, 그곳 아침은 초가을같이 선선하고 낮에는 봄 날씨다. 이토만 수산시장에 들러 점심을 먹고 해안도로를 따라 북으로 달렸다. 고우리(古宇利)섬부터 찾았다. 몇 해 전에 왔을 때는 마침 갑자기 소나기를 만나 흘러드는 흙탕물만 보고 돌아섰는데, 이번에는 날씨도 좋아 에메랄드 색의 바닷물을 마음껏 즐겼다. 다리마저 놓여서 본섬과 직선으로 연결되니 편하게 아름다운 풍광을 즐길 수 있다. 섬의 입구에는 전망대가 있어 주위의 절경을 바라볼 수 있다.

아치형 교각의 고우리 대교는 가장 길고(2킬로) 아름다워 3대 드라이브 코스 중의 하나란다. 섬 북쪽에는 하트 모양의 바위(하트 록)가 두 개 솟아있어 연인들을 유인한다. 고우리라는 이름도 그리움을 뜻하는 오키나와 말 '쿠이'에서 유래했다며 사랑의 섬으로 불린다.

지난번에 한국 가이드는 삼별초의 난 때 떠나온 고려인들이 정착해서 고우리 섬이 되었다고 설명을 했는데…. 믿거나 말거나지만.

돌이켜보면 오키나와는 가엾은 숙명의 땅이다. 18세기 말엽 거세진 일본의 제국주의 야욕은 유구(琉球)왕조를 병합하고 25년 후 한국도 식민지로 만들었으니 비슷한 처지인 섬나라다. 그러나 우리는 독립국을 건설하고 말을 되찾았다. 오키나와는 말부터 소멸 위기에 처했고, 일본의 한 현이 되고 말았다. 일본의 방패막이가 되어 주민의 3분의 1이 희생되는 전쟁의 참화를 겪어야 했다. 주일 미군의 4분이 3이 주둔하는 군사기지가 되어 이중식민지가 된 꼴이다. 아름다운 풍광은 회복되었지만 도로변에는 납골당이 즐비하고 숲속에 들어가면 수난의 흔적이 그득하다. 6·25전쟁을 겪은 우리로서는 남의 일 같지가 않다. 가엾은 유구가 많은 생각을 불러낸다.

다음날은 나고 파인애플 농장을 둘러보고 추라우미 수족관엘 갔다. 늦게 도착하여 인기 있다는 돌고래 쇼는 못보고 바다 속에 설치한 수족관을 보았다. 상상도 못한 해양 식물이나 어패류가 신기하기만 하다. 수조를 꽉 채울 듯이 큰 덩치의 상어가 관객의 시선을 끈다. 때마침 먹이를 주는데 빨아들이는 수량이 엄청나다. 먹이만 걸러 삼키고 물은 토해낸다. 조무래기 고기들과 사이좋게 노니는 것을 보니 약육강식의 자연계에서 더불어 사는 군자의 모습을 보여주는 것 같다.

거센 파도 헤쳐 가며 거침없이 뛰놀다
유리벽 단칸방에 온갖 욕심 비웠거니
장하다 바다의 성자 너뿐인가 하노라.

관광은 눈만 즐거워서는 의미가 없다. 입이 즐거워야 한다. 일식이니 대체로 편히 먹을 수 있다. 이름난 식당을 찾아갔다. 1901년(明治 34년)에 시작했다는 백년고옥 오후야(大家)다. 한 시간 넘게 기다렸다. 집은 오래된 구옥이나 안으로 들어가니 뒤쪽 절벽이 일품이다. 바위틈으로 물이 작은 폭포처럼 쏟아져 내린다. 식욕이 돋는다.

이곳의 명물은 아구(黑豚)요리다. 흑돼지전골은 기름기도 적고 인공조미료도 쓰지 않아 담백하다. 값도 싼 편이니 멀리 찾아와 기다린 보람이 있지 않은가. 오키나와의 별미를 함께 맛보았으니 즐거운 추억으로 남겠다.

오키나와야말로 태평양 속의 청정지역이고 멀지도 않으니 호흡기를 걱정하는 내게는 최적의 휴양지가 아닌가. 겨울이 돌아오면 또 오고 싶은 곳이다.

대만의 단상

참예술사랑회의 회원들을 따라 대만을 찾는 3박 4일의 나들이 길에 올랐다. 수십 년 만이니 그때 받은 인상이 가물가물하지만, 우리와는 여러 가지 사연이 얽혀 있어 가슴을 설레게 한다. 인천 공항에서 이륙한 지 2시간 만에 타이베이 국제공항에 내리니 새삼 가까운 이웃이란 느낌이 든다.

강산이 몇 번 변한 셈이니 그동안에 대만의 풍광도 많이 달라졌다. 도심에 들어서니 아파트의 숲이 서울에 못 하지 않고, 대만의 랜드 마크인 101빌딩이 시선을 끈다.

사암 왕국

중국 본토의 하늘을 바라볼 수 있는 서북쪽 해변을 찾아갔다. 태평양을 건너가는 징검다리라도 되려는가, 길게 뻗어나간 곳이다. 북해안풍경구에서도 이름난 '야류(野柳) 지질공원'이다.

시간에 쫓겨 끝까지 가볼 수도 없었지만, 지팡이를 짚은 내 처지로는 걱정부터 앞섰다. 그런데 친절한 현지 가이드 김 선생은 입구에서 휠체어를 빌려와 나를 태우고 밀고 가는 것이 아닌가. 당혹스러웠지만 고맙기 이를 데 없다. 내 생애 처음이자 마지막으로 맛보는 호화관광일 듯싶다.

야트막한 언덕을 넘어서니 신천지가 전개된다. 여왕이 다스리는 사암 왕국이 아닌가. 촛대바위, 버섯바위, 코끼리바위, 두부바위, 선녀화바위, 아이스크림바위 등 가지가지 진귀한 모양의 바위가 운집한 모래언덕이다. 그중에도 제일 시선을 끄는 바위는 여왕두(女王頭)와 공주바위이다. 멀리 있는 것을 입구에 모형을 만들어 세우기도 했다.

그 여왕의 두상이 이집트의 네페르티티 여왕을 닮았다고 하니, 대자연의 오묘한 조각술이 아닌가. 이 지역이 사암지대라 비바람에 못 견디어 섬세한 작품이 이루어지기도 하지만 오랜 세월 견디지 못하는 아쉬움도 남는다. 모래바위의 특성상 기암괴석의 매력도 한시성을 띨 수밖에 없다. 7년쯤 후에는 여왕머리바위의 목도 더 침식되어 부서질지도 모른다고 한다.

모두들 오늘의 모습을 잡아놓겠다고 카메라 사진을 찍기에 여념이 없다. 나는 여왕이 거느리는 오늘의 태평성대가 오래오래 이어지기를 비는 마음에서 영상물 대신 시조를 한 수 남기기로 했다.

옛 여왕님 환생 했나 아름다운 여왕 암(女王巖)*
대를 이어 솟아난 공주 암도 귀엽거니

비바람 요동을 쳐도 태평성대 빛나리.
-「사암 왕국」

*타이베이의 야류(野柳) 지질공원에 솟구쳐있는 사암(砂巖) 기둥, 여왕두(女王頭)

화련 태로각협곡

다음날은 기차를 타고 화련 지역으로 이동을 했다. 3000미터의 고산 줄기가 이어지는 태로각(太魯閣)협곡은 아무리 돌아보아도 신비롭기만 하다. 수백 미터의 수직절벽도 신기하거니와, 그 절벽에 정과 망치로 길을 냈다니 인간 능력의 한계가 의심스럽다. 이 난공사를 하다가 얼마나 많은 인명이 사라졌을까 생각하니 가슴이 아려온다. 태로각루 건너편의 절벽에는 희생된 영혼을 기리는 장춘사(長春祠)가 보인다. 시간에 쫓겨 건너가지는 못하고 멀리서 명복을 빌어주며 아쉬운 발길을 옮겼다.

높은 산 깊은 골짝 수백 척 절벽에다
목숨 던져 뚫은 길 사통팔달 소통하니
장춘사 모신 영령들 평안히 잠드시라.
-「태로각의 영웅들 - 장춘사(長春祠) 바라보며」

이 한 장의 사진

현지 사정에 따라 예정에 없던 중정기념당(中正紀念堂)을 들렀다. 부럽기 이를 데 없다. 경상도 넓이 정도의 섬나라이건만 팔

만평의 공원 부지를 확보하고 예술과 휴식의 공원을 제공하다니. 정문 높이가 30미터에 이르는 웅대한 패루의 중앙에는 '自由廣場(자유광장)'이라는 네 글자가 빛난다. 그 문을 통해서 장개석 총통을 기리는 중정기념당의 웅대한 모습이 눈에 들어온다. 본관의 높이가 70미터나 되는 장엄한 대리석 건물이 눈부시다. 주위에는 국가음악당, 국가극장을 거느리고 있다. 비록 본토를 빼앗기고 쫓겨 오기는 했을망정 추앙을 받는 그분의 처지를 다시 생각해본다. 인류문화의 정수라고도 할 수 있는 진귀한 자료와 예술품을 날라다 고궁박물원에 안치하고, 온갖 저항과 희생을 무릅쓰고 태로각협곡을 뚫어 놓아 많은 관광객을 끌어들이고 있지 않은가.

안내자가 벽에 걸린 사진 한 장을 보여준다. 깜짝 놀랐다. 장개석과 박정희가 나란히 앉아있고, 그 뒤로 김종필의 젊은 얼굴이 보인다. 그때는 우리보다 잘 살았던 대만으로 차관을 얻으러 왔을 때 찍은 사진이란다. 경부고속도로 건설 현장에서 나라가 망한다고 누워서 반대시위를 하던 사람은 자유투사로 추앙받고, 고속도로를 만들고 산업을 일궈낸 사람은 독재자로 푸대접을 받아 기념관 하나 번듯하게 남기지를 못하다니…. 퇴색한 사진 한 장이 다시 눈에 아른거린다.

시마네 문화를 만나다

마쓰에 성

이번 '시마네(島根) 문화탐방'은 일본에서 가장 인구가 적은 현을 오가며 가을의 정취를 만끽하고, 온천욕을 즐기는 힐링 투어다.

제일 먼저 시마네 현의 중심인 마쓰에 성(松江城)을 찾았다. 17세기 '호리오 요시하루'라는 영주가 세운 성이다. 5층의 망루형인데, 평지에 지은 성으로는 히메지죠(姬路城) 다음으로 웅대한 규모를 자랑한다.

세월의 무게만큼 다리가 천근만근이니 우리 내외만 해자 밖 쉼터에 남았다. 몸은 쉬고 마음만 올라간 셈이다.

하늘 높이 솟구친 천수각(天守閣)은 성의 중심이다. 혼마루(本丸)의 중앙에 위치하고, 방어를 위해 주위에 해자(호리가와, 堀川)를 팠다. 그 밖(二の丸)이 상급 무사들의 주거구역이고, 역시 해자로 둘러싸여 있다. 그 아래(三の丸)가 하급 무사들의 생활공간

이며, 이 성내를 벗어난 거리(城下町)가 일반 서민들이 살던 곳이다.

지금은 그 해자에 배를 띄워 물자를 운송하는가 하면 '호리가와 유람선'으로 관광에도 활용한다. 10인승 정도의 나무배에 지붕이 있어 얕은 다리를 지날 때면 지붕을 낮추고 승객도 납작 엎드려야 한단다. 우리는 시간에 쫓겨, 아쉽기는 했지만 그 유람선 체험은 포기했다.

현립미술관과 사기노유소

시마네 현 동북부에는 바다같이 넓은 호수(신지고, 宍道湖)가 있다. 그 호숫가에 현립미술관을 세워놓고, 세계적인 명작들을 전시하고 있으니, 우리의 문화정책과는 차원을 달리한다. 우리는 흉내조차 낼 수가 없다. 나는 구석구석 걸려있는 미술작품들에는 시선을 못 돌리고, 밖의 호반공원에서 바라보는 환상적인 일몰 감상에만 마음을 쏟았다. 일본의 일몰 풍광 100선에서 으뜸으로 꼽는다지 않는가.

버스는 한적한 시골길을 한 시간쯤 달렸을까. 들판 한가운데 세워놓은 '사기노유소(鷺の湯莊)' 온천장에 짐을 풀었다. 일본에 몇 안 되는 명천이란다. 대부분의 경우 원천수를 재활용하지만, 이 온천은 방마다 노천탕이 있어 일회용으로 쓰고 흘려버린다.

나는 매시간 마다 잠을 깨니 깰 때마다 10분씩 탕에 뛰어들었다. 단풍잎 사이로 불어오는 시원한 바람이 머리를 식혀주니

목 아래를 감싼 물의 따스함이 한층 상큼하다. 노천탕의 맛을 새삼 느낀다.

아다찌미술관

다음날 아침이다. 숙소에서 불과 3, 4분 거리에 유명한 '아다찌(足立)미술관'이 있다. 이 미술관은 근대 일본화단의 거장들 작품 천 3백여 점을 소장하고 매년 4회에 걸쳐 특별 전시를 할 뿐만 아니라, 새롭게 문을 연 신관에서는 현대 일본화의 정수를 맛볼 수 있다.

특히 미술작품에 못지않게 5만평에 이르는 관내 정원이 더 시선을 끈다. 700여 개의 전통 정원 중에서 10년 연속 가든 콘테스트 1위를 차지하고 있으니, 그 정원을 바라보기 좋은 자리를 먼저 차지하기 위해 법석을 떨고 있다. 안내자가 일찍부터 서두른 속내를 알만하다.

태정(苔庭, 이끼정원), 고산수정(枯山水庭), 구학폭포(龜鶴瀑布), 지정(池庭), 백사청송정(白沙青松庭)을 비롯해서, 창틀 안에 정원의 원경을 집어넣었으니 '살아 있는 액자'와 '살아 있는 족자'까지 감상할 수 있다.

이즈모다이샤

아다찌미술관을 관람하고 가장 관심을 가졌던 영성의 땅 이즈모(出雲)시를 찾아 나섰다. 시네마 현 중동부에 위치한 제2의 도시다.

우선 '고대 이즈모 역사박물관'부터 들렀다. 놀랍게도 경주박물관에 있는 청동기 창검과 같은 것 수십 개가 진열돼 있지 않은가. 교토나 나라에 가서 부여박물관에서 볼 수 있는 유물과 똑같은 것을 보고 놀라는 것과 같다. 굳이 다른 점을 찾는다면 백제의 유민과 문물이 현해탄을 건너 관서지방으로 밀려들어갔다면, 그보다 앞선 시기에 신라인들이 동해를 건너 시마네 현 쪽으로 들어가 정착을 했다는 점이다.

발굴되는 유물뿐만 아니라 관서지방의 '오오끼니'나 동해안 지역의 '단단' 같은 독특한 방언들을 발견할 수 있다는 점도 다른 민족의 세력이 뿌리를 내린 흔적이 아닐까싶다. 이러한 사실들은 결국 일본의 고대사를 다시 써야하는 엄청난 일이기에, 알기는 하면서도 덮어두고 가는 것이 아닌가 싶다.

이즈모는 신도(神道)의 중심지다. 그러니 시네마 현은 '신들의 고향', '엔무스비(결연, 結緣)의 땅'으로도 불린다. 그 대표 신사가 이즈모다이샤(出雲大社)인데, 1천 5백여 년 전에 지어졌고(일본 국보), 일본의 건국신화와 연관된 '오쿠니누시노미코토'를 모신 신사이다.

일본인들은 삼라만상에 신이 존재한다고 믿는다. 음력 10월을 간나쓰키(神無月, 신이 없는 달)라 하지만 이즈모에서는 가미아리쓰키(神在月)라고 부른단다. 음력 10월 11일부터 17일까지 일주일간 8백만에 이르는 전국의 신들이 자기 신사는 비워놓고 이즈모다이샤에 모여들어 회의를 개최하기 때문이다. 회의 내용은 '결혼, 인연'이란다. 이 신사의 주신인 '오쿠니누시노미코토'는 행복 · 결혼의 신이라 연간 수백 만 명이 이곳을 찾는다.

유시엥의 모란

귀국하는 날이 밝았다. 산인(山陰) 지역의 명원 유시엥(由志園)의 관람에 들어갔다. 유시엥은 동해와 연결된 나까우미(中海, 중해)의 한가운데 돌출한 다이콘섬(大根島)에 있다. 이 섬은 해저 화산이 폭발하여 생겼기 때문에 토양도 미네랄이 풍부하여 모란과 인삼이 생산되고 있다. 특히 모란은 일 년 내내 핀다. 그래서 '모란의 정원'이라고도 한다.

유시엥의 가장 아름다운 풍광을 내다볼 수 있는 곳에 '창포정'이 자리를 잡고 있다. 그 집의 제일 좋은 방에서 품격 있는 점심으로 문화탐방의 끝을 장식했다.

야마가타 나들이 · 1

- 드넓은 쇼나이 평야

'올해는 이철구여행이 출범한 지 10주년이 되는 해라서, 뭔가 새로운 프로그램을 하나 개발'한 것이라는 메일이 날아들었다. 독립하기 전부터 이철구 사장의 '명품 주둥이'에 반해 따라다녔으니, 10주년 기념상품을 흘려버릴 수는 없지 않은가 싶어 또 따라나섰다.

니가타(新潟) 국제공항에 내리니 비가 그쳐서 맑은 하늘이 우리 일행을 환영이라도 하는 듯했다. 목적지 야마가타 현으로 들어서니 예상한 대로 조용하고 맑은 청정지역이다. 일주일 전에 6.7도의 지진이 덮쳐서 노변의 기와집 지붕이 조금씩 파손된 흔적이 여기저기 눈에 뜨일 뿐, 여진의 걱정은 기우에 불과했다.

일정에 따라 역사의 사연을 지닌 도시, 쓰루오카(鶴岡)로 이동했다. 이 시는 일본의 서북부 야마가타 현의 동해 연안(쇼나이,

庄內 지방) 남쪽에 있다. 인구는 약 13만 명으로 현 내 둘째로 큰 도시이다. 에도 시대에는 쓰루오카 번(鶴岡藩, 일반적으로 쇼나이 번이라 한다)의 성시였다. 특히 광활한 쇼나이 평야의 풍부한 먹거리를 교토로 보내고, 교토의 새로운 문물을 들여와 상업의 중심지로 번창했다.

인상적인 건물은 쓰루오카 번의 번교(藩校)인 치도칸(致道館)이다. 이곳은 무사의 자녀들을 교육하던 학교로서, 1805년에 영주가 창립하여 명치 6년에 폐교되었으나 그 후에도 많은 인재를 육성했으며, 현존하는 유일한 문화유산으로 사랑을 받는다.

또 하나의 명물은 SHOGIN TACT TSURUOKA란 이름을 붙인 쓰루오카 문화센터이다. TACT는 Tsuruoka(쓰루오카,鶴岡), Art(예술), Culture(문화), Terrace(모이는 장소)를 의미하니, 쓰루오카 시민들이 예술 문화의 교류와 활동을 하는 마당이 되겠다는 목표를 천명한 것이라 한다. 그 목표에 걸맞게 초현대적인 건축물의 표본이라 해도 손색이 없는 자랑거리로 자부심이 대단하다. 지붕의 외관부터 내부 공관의 배치와 음향설계까지 놀랍기 그지없다. 건축계의 노벨상이라고 하는 '프리츠커상'의 수상자를 8명이나 낸 일본 건축계의 수준을 실감하게 된다.

드디어 여장을 풀고 첫 밤을 지낼 호텔을 찾아갔는데, 또 한번 놀랐다. 쇼나이 평야는 하도 넓어 무논의 끝이 보이지 않는다. 그 들판 길을 얼마쯤 달렸을까. 차가 멈추니 거대한 시멘트 건물이 솟았는데 우리가 묵을 Suiden Terrace(水田호텔)이다.

프리츠커상 수상자인 반시게루(坂茂)의 창작품이다. 호텔 창밖으로 먼 산과 푸른 들판이 보이는 방이 좋은 방이라 더 비싸다고 이 사장은 생색을 낸다. 야마가타를 찾아 온 손님의 대부분은 번잡한 도시를 벗어나 온 힐링 족일 터이니 평가가 달라질 수도 있겠다.

날도 일찍 밝으니 이른 새벽에 잠이 깨어 시조 한 수 지어본다.

아득한 무논 속에 오뚝 솟은 큰 집 한 채
물 위로 온갖 날 것 새벽부터 날아대고
먼 산이 손짓 하는 듯 더 없이 한가롭네.

-「무논에 잠긴 여숙」

야마가타 나들이 · 2

자랑스러운 데와산상

야마가타 현은 축복받은 땅이다. 데와산상(出羽三山)이 솟아 있으니 걱정이 없다. 그 신령한 하구로상(羽黑山, 414m), 갓상(月山, 1,984m)과 유도노상(湯殿山, 1,500m) 세 산을 데와산상이라고 통칭하는데, 산악 수련을 위한 신앙의 영지로 널리 알려져 있다고 한다.

하구로상은 작은 산이기는 하지만 데와산상의 현관에 해당하는 곳으로 국보 오층 목탑을 비롯해 많은 역사적 문화재의 보고라고 한다. 산 정상에 있는 삼신합제전(三神合祭殿)까지는 에도시대 초기에 만들어진 2,446개의 돌계단이 이어져 있다고 한다. 다리가 무거워서 나는 초입에서 포기하고 영산의 센 기나 받기로 하고 마음을 비웠다. 참배 길의 양쪽에는 수령 300~600년의 삼나무들이 솟구쳐 하늘을 가리고 있으니 고개가 저절로 숙여진다. 이 나무들은 천연기념물로 지정되어 있을 뿐만 아니라 '산림욕의 숲 100선'에도 선정되었다고 한다. 어찌 나무뿐이랴. 그 깊은 산골을 쏟아져 내리는 물은 보기만 해도 마음속의 잡념을 씻어내는 듯싶다.

갓상은 주봉답게 7월이 다가왔어도 군데군데 흰 눈이 쌓여있어 장관이다. 여름 스키장이 개설될 만도 하다. 갓상은 고산식물의 보고이기도 하다. 원추리를 비롯해 특이한 꽃들이 피어 있어 정상에 이르기까지 천연기념물로 지정하여 보호하고 있다고 한다.

데와의 고봉들이 거느리는 쇼나이 평야는 기름질 수밖에 없고, 맑은 물이 사계절 넘쳐흐를 수밖에 없다. 그러니 고품질의 쌀이 생산되고, 바닷바람에 시달리는 산채나 채소가 신선하고 맛있으며 과일의 당도도 높은 것이 당연하다.

갓상 온천장에서 둘째 밤을 보냈다. 쓰다야 호텔의 가이세키 요리며 데와야의 산채소바 맛을 잊을 수가 없다. 특히 이날 밤엔 가이세키 만찬을 마치자 이곳 출신인 야노히데히로(矢野英裕) 교수의 일본 건축에 관한 특강을 들을 수 있어서 건축학 공부까지 한 셈이다.

갓상의 축복

갓상 덮은 눈더미 넓은 들판 적셔주고

사철 부는 해풍은 온갖 풋것 흔들어 줘
먹거리 달고 풍성해 그 명성 으뜸이네.

눈앞에는 눈 덮인 산 눈 돌리면 부나 숲
노천탕 넘쳐흘러 온갖 시름 씻어주니
선경이 따로 있으랴 다시 찾는 쓰다야.

야마가타의 사꾸란보(버찌)를 맛보지 않고 지나칠 수 없다. 탐스럽고 당도 높은 사또니시기(佐藤錦)는 이 고장의 명물이다. 일본 버찌 생산량의 70퍼센트를 야마가타에서 출하한다고 한다. 마침 6월 하순에서 7월 초가 적기라니 때맞추어 농장을 찾아갔다. 관광농장에서 버찌 따먹기 체험을 한다고. 약정시간 한 시간을 마음껏 따먹을 수 있는데, 15분쯤 지나니 더 먹을 수가 없어 일찍 떠나오고 말았다.

돌아오는 길에

돌아오는 비행기는 아오모리 국제공항에서 뜬다. 서쪽의 야마가타 현에서 가로놓인 산맥을 넘어 동북쪽의 이와데 현을 거쳐 아오모리 현으로 넘어가자니 버스 타기에 지치는 일정이다. 그 시간에 맞추기 위해 미리 이와데 현의 나마리(鉛) 온천장으로 이동했다. 짐을 풀은 집은 쥬산가츠(13月) 료칸이다.

14대 째 이어온다는 명품 사께(술) '쥬욘다이(14代)'를 곁들여 정성을 눈으로 감상하는 가이세키 요리로 배를 불리고, 넘쳐흐르는 열탕에 몸을 담그니 하루의 피로가 눈 녹듯 사라진다. 창밖으로 비치는 울창한 숲과 콸콸대는 계곡의 맑은 물줄기를 보고 있노라면 세속의 온갖 고뇌를 잊는다. 무릉도원이 여기에도 있고나 찬탄이 절로 나온다.

이렇게 험한 지형을 활용해 멋진 집을 앉힌 설계도 기발하지만 내부의 기기활용도 최신식이니 또 한 번 혀를 차게 한다. 방에 붙어 있는 화장실의 문을 열기만 하면 천장의 불이 저절로 켜지고, 한 발짝 가까이 들어서면 덮였던 변기의 뚜껑이 알아서 열리고, 용변을 보고 일어서면 스스로 씻어 내린다. 한 발짝 옮기면 저 혼자 뚜껑을 닫아주니 무엇에 홀린 듯싶다. 매시간 마다 화장실을 드나들어야 하는 나도 귀찮기는커녕 재미가 날 판이 아닌가.

조상 덕에 사는 나라

- 캄보디아

하노이 국제공항을 이륙한 지 네 시간쯤 지나 씨엠립 국제공항에 내렸다. 더운 기운이 온몸을 휩싼다. 열대의 분지에 떨어졌음을 실감하며 호텔에 짐을 풀었다.

밤새 소나기가 내려 지열을 식혀주고 나무들을 싱싱하게 씻어주었다. 상쾌한 아침이다. 가벼운 옷차림으로 앙코르 유적 군으로 이동을 했다. 오전에는 앙코르 톰(Angkor Thom)부터 찾았다. 지팡이에 의지하는 처지라 걱정을 했으나, '툭툭이'가 살려주었다.

'툭툭이'는 뒤에 두 바퀴 수레를 달았는데, 자전거로 끌던 인력거가 그동안 오토바이로 진화했다. 두 사람씩 탄 툭툭이의 대열이 밀림 속 오솔길을 씽씽 달린다. 청정 숲속을 시원한 바람을 맞으며 달리니 관광 열차를 탄 것보다 더 경쾌하고 스릴이 있다. 두 번째 온 나로서는 사원 구경보다는 이 툭툭이 타기를 앙코르 체험의 백미로 꼽고 싶다.

앙코르와트(Angkor Wat)를 위시해서 그 많은 사원들이 모두가 먼 곳에서 날라온 돌들을 다듬어 쌓고 새긴 예술작품이니 참으로 놀랍고 신비로울 지경이다. 한 치의 오차도 없이 꿰맞추고, 온갖 생활상과 역사적 사실을 정교하게 새겨 놓다니…. 그 옛날 장인들의 재주와 열정에 옷깃을 여미지 않을 수 없다. 그 시대의 전제적 왕권은 또 어떻고…. 그래도 몇 백 년을 잊어버린 도시로 밀림 속에서 잠자고 있었기에 원형대로 보존되었으니 다행스럽기도 하다. 이 땅의 주인들은 열악하고 낙후된 환경 속에서도 조상 덕을 톡톡히 보는 셈이다.

욕심쟁이 임금님이 돌 쌓고 잘도 깎아
뭇사람들 홀리어 찬탄까지 쏟아내니
그 영광 숨길 길 없어 천년만년 빛나리.

바이욘(Bayon) 사원을 둘러보고 웅장한 앙코르톰 남문을 다시 나와 타프롬(Ta Prohm) 사원으로 발길을 옮겼다. 이 사원은 파괴된 탓으로 명품 관광자원이 된 꼴이다. 씨 한 알이 지붕 위에서 싹을 터 몇 백 년 동안 거목으로 자라났다. 그냥 자란 것이 아니다. 뿌리가 돌 틈을 파고들며 굵어졌으니 사원이 조각조각 벌어질 수밖에…. 이제는 저 거목이 죽어도 안 되고, 더 자라도 안 될 처지다. 거대한 뿌리와 돌들이 엉킨 그대로를 유지하기 위해서 성장억제제를 주입한다니, 보는 이마다 자연의 힘에 혀를 차며 그 앞에서 기념사진 찍느라 아우성이다.

캄보디아 관광에서 빠트릴 수 없는 곳이 톤레삽(Tonle Sap) 호수다. 씨엠립에서 한 시간쯤은 달렸을까. 선착장에 도착했다. 이 땅을 관류하는 메콩강도 중국의 장강같이 황토를 실어 나르다보니 말이 청정수지 벌건 흙탕물이다. 해질 녘 물빛이 황금색으로 물들 때의 일몰광경이 가장 아름답다는 말이 이해가 된다.

동남아 최대의 호수라 자랑하지만, 호수라기보다 바다다. 선착장에서 황토 물을 헤치며 얼마쯤 내려가니 넓은 바다의 수평선에 엉성한 시설물이 보인다. 수상촌이다. 깃발도 나부끼고, 교회, 병원, 가게도, 없는 것이 없다. 한반도의 비무장지대와도 같이 지구상에 둘도 없는 특수지역이니 관광객의 발길이 이어질 수밖에 없다.

건기에는 3,000평방 킬로의 면적에 수심 1미터 정도이나, 우기에는 9,000평방 킬로 면적에 12미터의 수심이 된다니, 건기에는 멀리 나갔다가 우기에는 뭍으로 가까이 이동하며 선상생활을 한다. 베트남인 만 오천, 캄보디아인이 오천 명쯤으로 추산되나 대대로 물에서만 살아야 하는 사람들이다. 베트남이 남북으로 갈려 전쟁을 할 때 탈출한 보트피플이 전쟁이 끝난 지금에도 배신자의 낙인이 찍혀 돌아갈 수가 없단다. 그렇다고 서로 견원지간인 캄보디아에서도 상륙을 허용하지 않으니 어쩌랴. 이 호수 안에서만 떠돌아다니는 집시 아닌 집시 족 신세가 아닌가.

선착장에서 배를 탈 때 안내자가 1불 팁의 귀띔을 하긴 했다. 선장 한 사람에 열 살도 안 돼 보이는 꼬마 조수가 따라붙었다. 배가 떠나자 승객 한 사람 한 사람씩 안마를 한다. 그 조막손으로 탁 탁 탁 어깨를 치는가 하면, 가는 손가락으로 목을 주무른다. 시원하기는커녕 간지럽다. 애처로워 1불을 주니 바로 중지하고 옆 사람으로 옮긴다. 모두들 웃어대며 팁을 쥐어줬다. 아마도 선장 수입보다 꼬마 수입이 더 많을 듯싶다. 이것도 수상생활의 한 단면이니 서글프기 이를 데 없다.

돌아오는 날 상황버섯 가게를 들렀다. 이 나라의 특산품이라고 자랑이 대단하다. 옛 사람들이 산야에 뽕나무를 많이 심어놓은 덕에 후손들이 축복을 누리고 있지 않은가.

조상님들 뽕을 심어 명주실 뽑아내고
둥치 썩어 자란 버섯 약발을 북돋우니
그 명성 멀리도 퍼져 찾는 이 줄을 짓네.

종중 나들이

오랜만에 해외나들이를 한다. 가업리(稼業里) 종중이라야 몇 가구 되지도 않는데, 그나마 남자들 중심으로 이따금 만나니 가족들은 얼굴도 서로 잘 모르는 처지다. 종친들의 단합과 소통을 위해서 나들이 계획을 잘 했다. '세종투어'에서 일정을 짜고, 광평대군의 후손들이니 27명의 팀 명칭을 편의상 '세종'팀이라 정했다.

나는 베트남과 캄보디아를 묶은 관광 상품으로 오래전에 다녀왔으나 동참한다는 뜻에서 또 따라나섰다. 국내는 탄핵정국에다 김정은의 만행이 초래할 전쟁의 위기설로 뒤숭숭한데, 어쩌면 피난이 될 수도 있겠다며 모두들 희희낙락 즐거워만 했다. 호주에 가 있는 준영(埈榮)이가 제 부모님을 뵙겠다고 날아와 분위기가 더욱 뜨거워졌다. 현지의 김 실장도 놀라 '국보적 효자'라며 칭찬을 아끼지 않았다.

'가업리'의 정성 모아 봄나들이 수만리
소야 할멈 깔깔대고 젊은이도 흥겨워
'세종'팀 한 마음 되니 거칠 바가 없어라.

하노이 시내는 활기가 넘쳤다. 삿갓 같은 '농라'를 쓰고 단아한 '아오자이'를 입은 여인들이 자전거를 타고 줄지어 달리는 광경이 이색적이었다. 그러나 놀랍게도 그 많던 아오자이 행렬의 자전거가 오토바이의 홍수로 확 바뀌지 않았는가. 차선도 없고 신호등도 없는 좁은 도로를 물 흐르듯 달리는 그 여유로움과 유연함에 찬탄이 절로 터진다. 남을 배려하고 노인을 존경하는 저들의 심성은 이 나라를 크게 일으킬 국력의 원천이리라.

하노이 시내관광을 마치자 버스로 세 시간쯤을 달려 하롱베이에서 여장을 풀었다. 그동안에 하롱베이 해변에도 오성급 호텔이 지어졌다. 우리가 묵는 윈돔레젠드(Wyndham Legend)호텔 바로 앞에는 바다 위를 달리는 퀸(Qeen) 케이블카가 덩그러니 걸려있고, 그 승강장은 높은 바데우(Ba Deo)산의 꼭대기에 있다. 내리자마자 바로 초대형의 썬휠(Sun Wheel) 회전 전망대로 연결된다. 세계에서 가장 높으며(해발 215m), 총 64량의 캐빈으로 384명의 승객이 동시에 탑승할 수 있다고 자랑하는 명물이다. 이 회전 전망대는 멀리서 바라보기에도 웅대하지만, 실제로 평야지대인 이 지역에서 아름다운 하롱베이의 전경을 한눈에 볼 수 있는 방법은 이것을 타는 길밖에 없다.

하롱베이 관광의 백미는 뱃놀이다. 호수같이 잔잔한 바다에 주먹같이 뭉툭뭉툭한 덩어리 산이 무려 3천여 개라니, 사방을 겹겹이 둘러싸고 있다. 마치 낙타 군단이 해상에 진주하고 있는 듯, 참으로 신비롭고 장관이다. 모터가 달린 쾌속선에 나눠 타고 절벽 사이를 누비며 바람을 일으킨다. 일부러 S자 회전을 하며 승객의 마음을 졸이게도 한다. 온갖 시름 날리며 동심으로 돌아갔다.

바다 위의 낙타 무리 사방을 둘러싸고
첩첩 싸인 산모롱이 기암절벽 솟구쳐
세상이 어수선한들 걱정할 바 있으랴.

질주하는 쾌속선 바람을 일으키고
이쪽저쪽 기우뚱 온갖 시름 날리니
구름 위 신선놀음도 뱃놀이만 할쏘냐.

1994년 유네스코 세계자연유산으로 등재된 하롱베이의 최고 포토존은 '티톱섬'의 전망대이다. 티톱섬은 특이하게 봉우리가 뾰족할 뿐만 아니라 유일하게 모래사장이 있는 섬이라 관광객의 시선을 끌기도 한다.

월맹을 지원한 구소련의 우주비행사 게르만 티톱이 하롱베이를 방문했을 때 호치민 주석에게 하롱베이의 섬 하나를 달라고 했더란다. 이에 호치민 주석은 "하롱베이의 섬은 베트남 국민의 소유이기 때문에 줄 수는 없고, 당신의 이름을 따서 섬 이름을 지어주겠다."고 하며 슬기롭게 넘겼다고 한다. 그렇게 붙여진 이름이 티톱섬(Ti Top island)이다. 세종팀은 전망대에는 오르지 않고 섬에 올라 티톱 동상 앞에서 단체사진만 찍고 내려왔다.

2.

가까운 곳 나들이

갈과 등

나는 제주도를 여러 번 다녀왔다. 나라 안팎이 뒤숭숭한 정유년의 봄인데 또 나섰다. 중국은 우리가 사드를 설치한다고 대국답지 않게 심술을 부리고 있다. 중국의 영토인가 할 정도로 온 섬을 뒤덮었던 중국인 관광객이 발길을 끊어 한산하다니, 우리라도 찾아가 주자고 아이들이 여행 계획을 짰다. 차를 빌려서 가보고 싶은 곳을 구석구석 들르며 여유로운 나들이를 했다.

젊어서 이화대학의 산악회를 따라 텐트 치고 야영을 하며 한라산을 오르던 때의 풍광은 추억 속의 영상일 뿐이다. 빌딩이 줄지어 시야를 가리는 서울과 별로 다를 바가 없지 않은가. 도심을 벗어나려 성산읍으로 차를 돌렸다.

일출봉은 제주도 최동단인 성산포구 앞에 솟아 있다. 멀리서 바라보면 분화구 부분이 평평해서 마치 케이프타운의 '테이블 마운틴'을 보는 것 같다. 그러나 높이라야 122m정도이니 그 규모가 작고, 쉽게 가까이 다가가서 측면의 절벽도 바라볼 수 있어 훨씬 아름답다. 마침 날씨도 좋아 정상으로 오르는 갈지자 둘레길이 인파로 줄을 이었다. 부럽다. 젊어서는 시간에 쫓겨 못 올랐는데, 이제는 힘이 부쳐 못 오르니….

문득 몇 해 전에 둘레길을 밟으러 왔던 생각이 떠오른다. 26개 코스에 총길이가 425.3㎞나 되는데, 겨우 서귀포 해변의 코스 3개를 걷고서 지쳤었다. 제주에서 시작된 둘레길이 이제는 도시마다 생겼다. 뿐만 아니라 일본에도 수출되어 '규슈 올레'가 인기를 끌고, 몽골의 수도 울란바토르에도 진출한다고 한다.

'올레'는 좁은 골목을 뜻하는 제주의 사투리다. 지형 따라 굽어진 오솔길을 쉬엄쉬엄 걸어간다. 전원의 여유로움과 느림의 미학을 만끽하는 길이다. '놀멍 쉬멍(놀면서 쉬면서)' 시골의 풍광을 즐겨야 하는데, 자동차로 직선 포장도로를 달리며 탐라의 진수를 맛보겠다니 길가의 '하루방'이 웃을 일이 아닌가.

그나마 차창으로 즐길 수 있는 전원의 정겨운 풍광은 한창 만개한 유채꽃 들판뿐이다. 밭두렁에 숭숭 구멍 뚫린 화산석으로 나지막하게 쌓아 올린 울타리가 잘도 어울린다. 바람의 피해를 막기에도, 사람의 월담을 막기에도 흡족하지 못한 저 돌 더미가 나의 어릴 적 추억을 한껏 부풀려준다.

추억에 남는 나들이가 되려면 눈이 즐겁고 입도 즐거워야 한다. 검색한 맛집을 찾아 구좌읍 '해맞이 해안로'를 한 시간쯤 달려갔다.

줄을 서 오래 기다린 보람 있게 우리 모두의 식욕을 돋운다. 메뉴는 전복죽, 전복 돌솥밥, 전복구이 세 가지뿐이다. 골고루 다 주문을 했다. 집에서는 전복 한두 개를 먹기도 쉽지 않았는데, 십여 개로 배를 채우고 나니 전복에 한풀이라도 한 꼴이다.

이제 좀 걸으며 눈을 즐겁게 하자고 곶자왈 숲을 찾아 갔다. '곶'은 나무, '자왈'은 가시덤불을 뜻하는 제주 사투리라는데, 제주 특유의 숲 지대를 뜻하는 합성어가 되었다.

곶자왈이야말로 제주의 보배다. 이곳에 와 보면 제주는 엉성한 돌들로 덮여 척박하고 물이 귀한 땅이란 인식이 깨어진다. 숲이 어두울 정도로 울창하다. 좁은 산책로는 바닥이 울퉁불퉁하긴 해도 부엽토로 뒤덮여 푹신하다. 부엽토 1센티가 쌓이려면 2백년은 걸린다는데….

안내자가 가리키는 곳을 보았다. 신기하다. 굵은 넝쿨이 높은 가지에 매어달려 하늘로 치솟고 있다. 넝쿨이 점프를 한 것은 아닐 터, 어려서부터 그 나무와 함께 자라났다는 증거다. 나무나 넝쿨의 굵기가 곧 숲의 역사를 말해주는 것이 아닌가.

넝쿨 중에 대표적인 것이 갈(칡, 葛)과 등(藤)이다. 이 둘은 콩과에 속하는 활엽의 만목(蔓木)이다. 만목이란 넝쿨지어 뻗어나가는 나무(木本)를 말한다. 칡과 등은 같은 콩과에 속하며 넝쿨이 나무에 기대어 살아가는 특성을 지닌 점에서 한 핏줄의 친족에 속하는 셈이다. 한 가지 다른 점은, 다른 나무둥치를 휘감고 올라갈 때 감는 방향이 서로 다르다. 칡덩굴은 오른쪽으로 돌고(오른돌이, 시계 방향), 등나무는 왼쪽으로(왼돌이, 시계 반대 방향) 감아 오른다. 그러니 어쩌다 두 놈이 한 나무를 타고 기어오르게 된다면 어쩔 수 없이 서로 얽히어 충돌하기 마련이다. '갈등'이란 말이 여기서 생겨났다고 하지 않는가.

나는 깜짝 놀랐다. 이 숲에서 실제로 한 나무둥치를 타고 올라가며 싸우는 갈과 등을 만났다. 자세히 보니 함께 올라가며 뒤엉키기만 한 것이 아니다. 나무를 감은 넝쿨 위로 다른 넝쿨이 X자로 다시 감는 경우에는 나무와 후에 감은 넝쿨이 조여 들면, 먼저 감은 넝쿨은 그 사이에 끼어 숨을 못 쉬고 결국 말라죽는 현상이 나타난다. 갈과 등이 상생 공존하는 것이 아니라 생사를 가르는 치열한 싸움을 하게 되니 가슴 아픈 일이 아닌가.

국가에 기대어 살아가는 우파 칡넝쿨과 좌파 등나무의 갈등이 언제쯤 해소될지, 공생하는 방도는 찾을 수 없는지, 갈과 등의 얽힘을 바라보고 이런 저런 생각에 잠기면서 어두운 숲을 벗어나왔다.

강화 제적봉 평화전망대

여의사회의 김정혜 회장을 따라 강화도 답사 길에 올랐다. 사찰 답사에 역점을 두니 전등사, 보문사를 들를 줄은 짐작했으나, 평화전망대가 있는 줄은 몰랐으니 오히려 감회가 새롭다.

젊어서 등산을 즐겼기에 주산인 마니산(摩尼山, 469m)을 두 번이나 올라(매년 10월 3일에) 단군제를 지내는 참성단(塹城壇)을 둘러보긴 했지만, 제적봉(制赤峰) 일대의 풍광이 이렇게도 아름다운 줄은 몰랐다. 한강, 임진강, 예성강 등 '여러 강을 끼고 있는 아랫 고을'이라 강하로 부르다가 '강 아래의 아름다운 고을'이란 뜻에서 강화(江華)라고 불렀다지 않는가. 날씨가 풀리면 다시 와 보고 싶은 곳이다.

강화도는 섬 전체가 역사적 유물의 보고요, 가슴 아픈 사연의 현장이기도 하다. 특히 가장 오래된 고찰인 정족산 전등사

(傳燈寺)가 있고, 마니산 정수사(淨水寺)며 낙가산 보문사(普門寺) 등이 잘 알려져 있으나, 최근에 와서는 사찰 못지않게 강화평화전망대가 관광 명소로 각광을 받고 있다.

이 전망대는 일반인의 출입이 엄격히 통제되었던 양사면 철산리 민통선 북쪽 높은 봉우리에 솟아있어 찾는 이의 시선을 끈다. 2008년 9월에 개관하였지만, 최근에는 남북의 화해무드에 따라 출입이 편해졌다고 한다. 가슴 설레며 올라가 보니 북한 땅이 너무도 가깝게 다가온다.

지하 1층 지상 4층 규모의 번듯한 건물이다. 다른 곳에선 보기 힘든 북한의 독특한 문화 생태를 느끼고 비교할 수 있다. 지하층과 4층은 군부대 전용시설이며, 1층에는 여러 가지 매점과 식당, 통일염원소 등이 있다. 2층에는 고성능 망원경 외에 전쟁의 참상과 흔적을 볼 수 있는 전시실이, 3층에는 북한의 산하를 한눈에 바라볼 수 있는 전망시설과 영상시설이 마련되어 있다.

전망대를 둘러보고 나오니 바로 옆 언덕배기에 두고 온 고향땅을 향해 제사를 지내는 망배단(望拜壇)과 금강산 노래비가 나란히 있다. 애창되는 가곡 '그리운 금강산'의 작사자 한상억과 작곡가 최영섭이 강화도 사람이라니, 결코 우연한 일이 아니라는 생각이 든다. 제적봉에서 건너다보이는 북한 땅이 1.8킬로로 소리치면 응답할 듯하다. 그곳을 철조망이 가로막았으니 착잡한 심정과 금강산을 그리는 마음을 어찌 장황한 말로 표현할 수 있을까보냐. 나도 시조 한 수 남기고 싶어진다.

발아래 물가에는 철조망 가로막고
강 건너 민둥산은 안개 속에 가물가물
소리 쳐 이름 부르면 손 흔들 듯 하여라.

예성강 한강 물은 밤낮 없이 뭉치는데
한 핏줄 옛 동무들 막힌 절벽 털어내고
부르자 금강산 노래 붉은 해 솟으리니.

-「제적봉에 올라」

유일한 분단국가에서 생각들이 다르니 어느 세월에 통일이 되어 황포돛대가 저 발아래 염하를 거쳐 한강수를 거슬러갈 것인가. 6·25 전보다도 민통선과 서울의 거리는 훨씬 가까워졌다. 거기다 전선의 방어벽과 철책마저 철거하고 있으니 김정은을 믿고 평화의 노래를 불러도 좋을까. 제적봉비 앞에 서니 6·25 그날의 기억들이 생생하게 떠오르지만…. 어쩌랴.

걷기명상

서초구 아버지센터에서 광고메세지가 왔다. 11월 3일 충주에 있는 '깊은 산속 옹달샘'에 가서 명상체험을 한다고. 즉석에서 참가신청을 했다. 명상이야 별것일까만 단풍이 절정일 때이니 금년 단풍나들이를 충주로 정했다. 염불보다 잿밥에 끌린 셈이다.

국도를 벗어나 반시간쯤 달렸을까, 낙엽송이 울창한 산골짝을 기어오르니 여기저기 각양각색의 건물들이 눈에 들어온다. 촌락치고는 건물들이 거창하고, 특정 시설치고는 산만하게 널려있다. 아침 편지로 널리 알려진 고도원님의 꿈이 펼쳐진 옹달샘 선경의 겉모습이다.

우리 일행만의 오붓한 나들이인 줄 알았는데, 수십 명의 단체객들이 모인 거창한 행사장이다. 우리는 하루 일정으로 갔으나 반나절 프로그램으로 끝내는 팀도 함께 뒤섞여 있다. 단풍감상은 오가며 하고, 여기서는 여러 가지 명상 프로그램을 통해서 일상에서 지친 몸과 마음의 치유를 하는 힐링의 장임을 깨닫게 된다.

명상이라니 잘 아는 익숙한 말이지만 실제로는 손에 잡히지 않는 애매한 단어가 아닌가. 사전적인 뜻은 눈을 감고 차분한 마음으로 깊이 생각하는 것이다. 그러나 나는 실제로 명상에 잠겨보거나 깊이 성찰을 해본 적은 없었지 않은가. 옹달샘에 와보니, 명상도 가지가지다. 걷기명상, 통나무명상, 단식명상, 심지어 독서명상, 춤명상까지 일상생활에 명상을 덧붙여 생활화하고 있다.

접수를 마치고 명상 유니폼에 명찰을 목에 걸고 강당에 모이니 모두가 옹달샘가족으로 분위기가 푸근해지는 느낌이다. 명상지도자의 프로그램 설명을 듣는다. 제일 먼저 배운 것이 인사법이다. 이곳 옹달샘에서는 '안녕 하세요'란 인사말은 없고, 그 대신 '사랑합니다. 감사합니다.'를 써야 한단다. 주위에 앉아 있는 사람들에게 인사를 해보라니, 모두가 "사랑합니다! 감사합니다!" 하며 웃음을 터트렸다. 한 순간에 어색함이 사라지고 친근한 분위기로 바뀌었다.

오전 프로그램은 걷기명상이다. 걸으면서 무슨 명상인가 했는데, 낙엽송의 붉은 잎이 하늘을 뒤덮은 골짝에 여러 갈래의 오솔길이 구불구불 이어지고 있다. 30분짜리 '용서의 길', 40분짜리 '화해의 길', '사랑의 길'에 90분짜리 '감사의 길'도 있다.

용서의 길을 걸으며 명상을 한다. 걸어간다기보다 달팽이만큼이나 느리게 더듬어간다. 앞서 가는 지도자의 엉기는 뒤를 줄지어 따라가다 징이 한 번 울리면 그 자리에 서서 눈을 감고 10

년의 세월을 되돌아보란다. 나를 괴롭힌 사람, 속인 사람, 미운 사람의 과오를 모두 용서해주란다. 마음속 깊이 박힌 원한의 앙금들을 훌훌 털어버리란다. 몇 분 후에 징소리가 들리면 다시 발걸음을 옮긴다. 십년씩 되돌아보며 가슴 아팠던 기억과 울분을 용서하고 씻어버리니 마음이 홀가분해진다. 어차피 쌓아둘 감정의 찌꺼기를 태워버리는 의식이다. 마음의 아픔이 치유되니 감사와 기쁨이 솟는다. 숲이 아름답고, 온갖 새소리가 들리고, 풀숲의 향기가 전해온다.

이렇게 느림의 미학을 만끽하며 용서의 길을 내려와 만남의 광장에 둥글게 늘어서자, '사감포옹'을 설명하며 앞뒤사람 다섯 사람과 포옹을 하란다. 양팔을 벌려 서로 껴안아주며, "사랑합니다. 감사합니다."를 속삭인다. 이판에 활짝 웃음을 짓지 않는 사람 어데 있으며, 어느 누가 어색하게 주춤거린단 말인가. 걷기명상의 하이라이트다. 넘치는 기쁨과 행복감에 시상이 절로 떠오른다.

깊은 산속 옹달샘 오솔길 걸어가며
십 년 쌓인 원한들 버리라는 징소리
내 마음 들여다보며 온갖 시름 날리네.

-「용서의 길에서」

옹달샘 가족 되어 숲길을 오가다가
팔 벌려 안아주며 사랑해요 감사해요
내 마음 활짝 열리니 기쁨이 넘쳐나네.

-「사감포옹」

고마운 팔공산을 찾아

팔공산이 없었더라면 지금쯤 어찌되었을까 하는 생각을 6월이 돌아올 때면 하게 된다. 그 고마운 산을 언젠가는 한 번 가보아야겠다고 벼르고 있던 차에, 문화유산사랑회의 팔공산 답사 소식이 오자 바로 신청을 해 일찌감치 자리를 확보했다. 그날 서울은 36도가 넘는 폭염이 수십 년 만에 찾아왔다는데, 어찌된 일인지 더 더웠어야 할 대구 지역의 기온은 훨씬 낮았으니 다시 한 번 팔공산의 고마움을 느꼈다.

팔공산은 넓이가 3,844만 평의 도립공원이고, 지리산은 1억 3천만 평이나 되는 국립공원이니 비교가 안 된다. 그러나 나는 독수리가 날개를 펴고 비상하는 듯한 팔공산의 형상과 숲이 우거진 깊은 골짝이며 솟구친 암벽의 아름다움을 잊을 수가 없다. 한반도의 단전(丹田)에 해당하는 곳에 솟아 대구, 경산을 품고 있으니 삼국시대로부터 문화적으로나 군사적으로나 놓칠 수 없는 요충지였다.

6·25사변 때도 인민군은 파죽지세로 전국을 휩쓸고 대구와 부산만이 남았었다. 마지막 결전을 위해 팔공산에 집결했지만 B29편대의 융단폭격으로 전멸상태에 빠지고, 맥아더 장군의 기습적인 인천상륙작전의 성공으로 전세가 역전되면서 대한민국이 살아남게 되었다.

지난날의 아픈 사연을 되씹어보는 사이에 버스는 주봉인 비로봉(1,192m)을 향해 깊숙이 들어왔다.

팔공산 남쪽 기슭에 자리 잡은 천년 고찰 동화사(桐華寺)는 신라시대 불교문화의 중심지로서, 146개의 말사를 거느리고, 보물 13점 등 많은 문화재를 보유하고 있는 명찰이다.

동화사의 말사이기는 하나 본사 못지않게 번창한 파계사(把溪寺)도 2층 누각인 진동루(鎭洞樓), 법당인 원통전(圓通殿)과 적묵당(寂默堂) 등 많은 문화재를 보유하고 있는 명찰이다. 특히 영조(英祖)의 출생과 관계되는 설화가 전해지고 있어 흥미로운데, 실제로 영조대왕의 어의가 보관되어 있다.

팔공산을 돌아 나와서 경산에 들러 일연의 출생지로 알려진 제석사(帝釋寺)를 둘러보고 인각사지(麟角寺址)로 향했다. 인각사는 643년(선덕여왕 12)에 원효(元曉)가 창건하였고, 1307년(충렬왕 33)에 일연(一然)이 중창하여 이곳에서 삼국유사(三國遺事, 국보 306호)를 발간한 명찰이다.

앞마당에는 아담한 삼층석탑이 있고, 조금 떨어져서 일연스님의 행적을 기록한 보각국사비(普覺國師碑, 보물 제428호)가 있다. 이 비는 보각국사 일연의 사리탑과 그의 행적에 관하여 기록해 놓은 탑비인데, 아쉽게도 비문의 글씨는 전혀 알아볼 수 없을 정도로 마모 부식되어 있다.

비문은 당시의 문장가인 민지(閔漬)가 왕명을 받들어 지었으며, 글씨는 진나라까지 가서 왕희지의 글씨를 집자(集字)하여 만들었다. 지금은 비의 형체마저 많이 훼손되었으나 다행히 비문은 오대산 월정사에 사본이 남아있어서 탑비의 복원에는 어려움이 없다고 한다.

일연은 삼국유사 외에도 많은 저술을 하는 등 큰 업적을 남긴 승려인데, 노년에 인각사에서 늙으신 어머니를 극진히 봉양하였다고 한다. 그 옛날 전국을 누비며 그 많은 자료를 수집하고 불교의 중흥에 기여하면서도 효도를 할 수 있었으니 그 영정 앞에서 머리가 저절로 숙여진다.

길고 깊은 피아골

오래간만에 지리산엘 올라간다니 아침부터 가슴이 설렌다. 내가 처음으로 산행의 참맛을 알게 된 곳이 지리산이니, 지리산을 떠올리면 젊은 날의 추억 속으로 빨려든다. 이화대학 법정대학 등산부가 새로 생겨 창립기념 산행으로 골라간 곳이 지리산이었다. 노고단으로 올라 텐트 치고 야영을 하며 종주를 했으니 잊을 수가 없다. 1969년 7월 21일 임걸령 샘터에서 점심을 준비할 때였다. 아폴로 11호가 처음으로 달에 착륙했다는 뉴스를 트랜지스터로 들으며 탄성을 올렸던 기억은 지금도 생생하다.

가슴까지 덮는 갈대를 헤치며 능선 길을 장장 일주일에 걸쳐 걸었으니 지리산의 크기에 놀라지 않을 수 없었다. 왼쪽으로 보이는 반야봉의 웅장한 모습에 반해 언젠가 다시와 오르겠다던 꿈은 망상이 되고 말았다. 오른쪽으로 내려다보이는 깊은 골짝은 하루 종일 보아도 봐도 시야에서 사라지지를 않았다. 그 사연 많은 피아골이다. 6·25전란을 전후해서 빨치산의 소굴이었고, 공비를 소탕한다고 전투경찰대와 군인까지 투입되었던 피의 골짝으로 알려졌으니 가슴이 아려오는 비극의 골짝이다. 그 골짝을 가보리라고는 상상이나 했던가.

그런데 '문화유적사랑회'에서 지리산 연곡사(燕谷寺)를 탐방한다기에 따라나섰는데, 연곡사가 바로 그 피아골 깊숙이 들어와 있지 않은가. 게다가 김 회장님의 사전 배려로 버스를 타고 절 앞마당까지 올라갈 수 있었으니 지팡이 신세를 지는 우리에겐 크나큰 특전이요 축복이렷다.

피아골에서는 사람만 고난을 겪은 것이 아니라 사찰도 함께 피해를 입었다.

544년(백제 성왕 22년)에 연기조사(緣起祖師)가 창건했다는 천년 고찰이니 수없이 불타고 중건을 거듭해왔다. 그러니 새로 단장을 한 도량은 큰 의미가 없다. 우리가 찾아온 것은 불 속에서도 자리를 지켜온 승탑들이다.

동 승탑(東 僧塔, 국보 제53호)은 신라 말기의 걸작품이라는데, 조각이 화려하고 정교하여 우리나라의 석탑 중 가장 아름답다고 한다. 높이 350센티에 앙증맞다 할 정도이나, 지붕에 어처구니가 있었던 흔적까지도 보인다.

북 승탑(北 僧塔, 국보 제54호)은 고려 초기의 현각대사(玄覺大師)의 부도로 추정되나 동 승탑의 모방작이라고 한다. 동 승탑에서 다시 산으로 더 올라가야 볼 수 있다고 하여 체념하고 말았다.

동 승탑에서 조금 떨어진 곳에는 고광순 순절비(高光洵 殉節碑)가 있어 시선을 끈다. 고광순(1848~1907)은 의병장으로 연곡사에 진을 치고 있다가 발각이 되어 왜병의 공격을 받아 전사하였으며, 그때 연곡사도 전소되는 아픔을 겪었다. 고광순은 임진왜란 당시에 충청도 금산에서 순국한 고경명, 고종명, 고인후 3부자의 후손이라고 하니, 대를 이은 우국충정에 머리가 절로 숙여진다.

남한산성행궁을 돌아보며

드디어 가다리던 가을 나들이다. 대부분의 성호회(成皓會) 회원들이 발걸음을 옮기기 힘겨운 처지가 되었으니 차로 이동하기 좋은 남한산성으로 목적지가 정해졌다. 단풍이 절정인 맑은 날, 수십 년 만에 유서 깊은 산성을 찾아드니 가슴이 설렌다. 모두들 어린애들 마냥 들떠 지난 이야기로 꽃을 피운다.

남한산성역 쪽에서 오르려 했으나 대형 버스라 광주 쪽으로 돌아 산성 가는 골짝 길로 들어섰다. 좁은 길에 곡예운전을 하며 찾아간 곳은 명성이 자자한 불당리의 낙성재 주차장이다. 안으로 들어서니 선경이 따로 없다는 생각에 모두들 찬탄을 토해낸다.

산으로 둘러싸인 너른 대지에 크고 작은 기와집이 빼곡히 들어찼다. 한옥의 아름다움을 십분 발휘한다. 뜰 앞에 도열한 수십 개의 장독 군단(群團)도 한옥의 정취를 돋운다.

그중에 유일한 2층집이 눈에 들어온다. 아래층은 해우소(解憂

所), 급한 대로 몸부터 풀고 2층 누각으로 오른다. 낙성재 전경이 한눈에 들어온다. 황홀한 단풍으로 단장한 산 비알이 눈앞에 다가오니 여유롭게 마음까지 풀 수 있는 명당이 아닌가. 시상이 저절로 떠오른다.

불당리 깊은 산골 한옥들이 옹기종기
황홀한 단풍잎이 뜰 안팎을 뒤덮으니
선경이 따로 있더냐 품격 높은 낙성재.

예약한 별당에 들어가니 밖을 내다보는 정경도 일품이다. 분위기에 취해 음식을 기다리는 시간마저도 지루함을 잊는다.

낙성재의 즐거운 시간을 보내고 기대하던 행궁으로 발걸음을 옮겼다. 남한산성행궁은 여러 행궁 중에서도 가장 아름답고 아담하니 경복궁 정전의 축소판이다. 남한산성은 삼국시대부터 지형적인 특성으로 인해 군사적 요충이자 요새이기도 했다. 유네스코의 세계유산으로 등재될 만도 하다.

한남루(漢南樓) 현판이 돋보이는 2층 누각의 문을 들어서면, 왕을 위한 외행전 내행전 뿐만 아니라 역대왕의 신위를 모시는 정전과 영년전까지 마련된 완벽한 행궁이다. 다만 장기간 체재하거나 적극적으로 나가서 싸울 수 있는 지형은 아닌 것이 흠이라면 흠이다. 그러니 삼전도의 치욕을 감수하는 역사의 장을 남기고 말았다.

질풍같이 침공해온 청나라의 기마병에 막혀 강화도로 피난도 못하고 남한산성으로 들어갔으나, 47일 밖에 버틸 수가 없어 싸움 없이 투항한 것이 병자호란이 아닌가.

인조가 청나라 태종 앞에 무릎을 꿇고 삼배구고두(三拜九叩頭)를 한 항복은 씻을 수 없는 굴욕이었다. 거기에다 군신의 관계를 맺은 사실을 새긴 기념비까지 세웠으니…. 생각만 해도 가슴이 아려온다. 힘없는 백성과 국난을 대비하지 못한 군신들의 작태가 통탄스럽기 그지없다.

그러나 치욕스러운 역사적 사건으로만 회상하기에는 오늘의 정세가 너무도 절박하지 않은가. 대륙의 한 모퉁이에, 그나마 반도의 반 토막을 차지하고 열강의 틈바구니에서, 급변하는 정황을 헤쳐 나가야 하니 온 국민이 일치단결 국난에 대처해야 하겠거늘 현실은 한심하기 이를 데 없다.

밀려오는 탱크 앞에 M1소총과 수류탄으로 대항하다 3일 만에 서울을 빼앗겼고, 맥아더 장군의 용단으로 겨우 서울이 수복된 역사적 사실을 몇 해나 지났다고 벌써 잊었단 말인가. 안보에 여야가 없고, 자유주의 시장경제가 한강의 기적을 일궈냈거늘, 핵 앞에서 혈맹마저 물러가라 나대면 어쩌자는 속셈인가. 모처럼의 단풍나들이에 착잡한 상념을 지울 수 없어 또 시조 한 수 남겨본다.

행궁의 아픈 사연 오늘에 생생하고
붉은 단풍 뒤 덮여 산천이 황홀하나
마음도 물들었거니 이 노릇을 어쩌랴.

얼음골 70리의 단상

금강산은 사계절 다 아름답다. 그래서 선인들은 녹음이 우거진 봉래산, 단풍이 불타는 풍악산, 눈꽃으로 뒤덮인 개골산으로 철 따라 달리 부르기도 했다. 나는 그 금강산의 깊은 골짝 못지않게 덕유산의 무주구천동을 좋아한다. 2년 전 여름에 물길 70리를 둘러보았는데 겨울의 얼음골 70리 풍광은 어떨까 해서 또 따라나섰다.

소설이 지났건만 압구정동 주차장을 떠나는 이른 아침부터 궂은 빗방울이 차창을 흘러내렸다. 그러나 "우리는 항상 비를 피했는데…." 하는 어느 회원의 말대로 무주에 도착할 무렵에는 하늘이 푸르게 개었고, 8.8㎝의 폭설이 쌓인 서울사진이 날아들기도 해 분위기가 한층 들뜨기도 했다.

오전에 마이산 탑사(塔寺)를 둘러보고 가느라 구천동에는 오후 늦게 도착했다. 비는 그쳤지만 돌이 박힌 골짝의 비포장도로는 좁고 미끄러워 마음을 졸인다. 김 회장이 주문해놓은 스타렉스 중형차로 고령자들부터 갈아타고 올라갔으나 아쉬움만 남기고 말았다. 백련사(제32경) 턱밑까지 갔으나, 해도 저물고 눈도 녹지 않아 마지막 비탈길을 오를 수가 없지 않은가. 안전을 위해 차를 돌렸다.

문득 일본의 아오모리 생각이 났다. 그들이 자랑하는 핫고타(八甲田)산 자락에는 오이라세계류(奧入瀨溪流)가 있다. 오이라세천의 최상류 14킬로의 부분을 '특별명승천연보호구역'으로 지정해 놓고 계곡을 따라 관통하는 차도를 넓게 포장해놓았다. 상류의 도와타호(十和田湖)의 수문을 조절하여 계곡에는 항상 물이 콸콸 흐른다.

그러나 덕유산 국립공원(1,614m)은 우리의 자랑거리가 아닌가. 그 북쪽에는 28킬로의 구천동 골짝이 있어 계곡 입구의 라제통문(羅濟通門, 제1경)부터 은구암, 와룡담, 학소대, 수심대, 구천폭포, 연화폭포 등 구천동 33경의 명소들이 계곡을 따라 자리 잡고 있다. 아름다운 천연의 풍광을 마음껏 즐길 수 있으니 오가는 길이 개발되지 않아 겪어야 하는 불편쯤이야 견뎌내야지 어찌하랴.

시설 좋고 전망 좋은 무주콘도에서 여장을 풀고 다음날 아침이다. 아침 식사를 마치자 바로 제33경인 향적봉(香積峰)의 절경을 보러 갔다. 1520m의 설천봉까지는 곤돌라가 설치되어 있어 편하게 설경을 감상할 수 있었다. 그러나 설천봉에서 향적봉까지는 도보로 20분이 소요된다고 하고 구름에 싸여 앞이 보이지를 않으니 모두들 포기하고 아쉬운 발걸음을 옮기고 말았다.

내려와서 김천의 불령산(佛靈山, 修道山)에 자리 잡은 청암사 수도암에 들러 석조비로자나불좌상(石造毘盧遮那佛坐像, 보물 제307호)을 보았다. 장대함에 있어서는 석굴암 본존에 버금가는 거불이며, 고려시대 석불로 넘어가는 통일신라시대의 과도기적 불상으로 추정된다고 한다. 불신 높이 251cm, 머리 높이 70cm나 되는 석불이다. 김 회장님의 설명에 의하면 불령산에는 바위가 없어 거창군 가북면 북석리에서 조성하여 노승이 업어 왔다고 하지만 신비롭기 그지없다.

수도암에서 점심을 마치고, 귀경길에 올랐다. 길고도 짧은 일정을 되돌아보자니, 구천동의 관문이라고도 할 수 있는 라제통문이 어느 곳보다도 눈에 어린다.

이곳이 삼국시대에는 신라와 백제가 국경을 이루던 곳이다. 석견산(石絹山) 자락의 바위 능선을 경계로 동쪽의 무풍은 신라 땅이었고, 서쪽의 설천·적상면과 무주읍 등은 백제 땅이었다고 한다. 지금은 양쪽 지역이 같은 소천리에 속해 있으나 언어와 풍속이 판이하게 다르고 서로 통혼(通婚)도 하지 않는다고 하니 서글프기 이를 데 없다.

현재 통행하는 길은 자연암석을 인위적으로 관통시킨 너비 4~5m, 높이 5~6m, 길이 10m의 인공동굴에 불과하다. 그러나 그 옛날 통일과정에서는 치열한 격전지였고, 숱한 아픔과 사연이 얽힌 피의 능선이었으리라.

바위에 붙어있는 '羅濟通門'* 넉 자가 지나가는 사람들의 마음을 열게 하는 촉매제가 되기를 기원해본다. 광화문이나 시청 앞 광장에라도 라제통문을 세워놓으면 소통과 화합을 이룩할 수 있을까. 안타까운 심정에 시조 한 수 남겨본다.

석견산 자락 따라 신라 백제 등을 지고
능선을 넘나들며 피 흘렸던 깊은 골짝
동서를 뚫어놓아도 아린 사연 못 잊나.

소천리 한 마을에 오순도순 살라 해도
찢겨진 마음의 골 달랠 길 없다던가
언제쯤 저 바위 문은 따신 정 소통할지.

-「라제통문」

*羅濟通門: 무주구천동 33경중 입구의 제1경.

옛사람의 자취를 찾아

오늘도 문화유산사랑회의 나들이에 따라나섰다. 서울 주변의 명찰을 순방한다니 젊은 날의 추억들이 되살아 떠오른다. 경국사, 화계사, 도선사를 거쳐 강남의 봉은사까지 찾는다니 가슴부터 설렌다. 봉원사를 둘러본다고 벼르고만 있었던 터다. 불교신자가 아닌 나는 염불보다 잿밥에 마음이 쏠린다고나 할까. 부처님께 절은 하지 않고 대웅전의 현판 글씨나 기둥에 걸린 주련에 먼저 눈이 가니 어쩌랴.

젊은 날에 서예를 하겠다고 붓을 잡은 것이 이런저런 핑계로 하다 말고 하다 말기를 거듭하다 끝내는 오기오전(五起五顚)의 신세가 되고 말았다. 그러니 명필이라면 눈으로라도 잘 써보자고 덤빌 수밖에. 그렇다고 한이 풀리지는 않지만.

제일 먼저 찾은 삼각산 경국사(慶國寺)는 정능골에 고층아파트들이 들어서서 주위의 경관이 망가졌지만 언젠가는 다시 와 보고 싶은 아담한 절이다.

고려 충숙왕(忠肅王) 12년(1325)에 자정(慈淨)스님이 창건한 청암사(青岩寺)가 오늘의 경국사로 바뀌었다는 유서 깊은 사찰이다. 단청과 탱화의 대가로 이름난 보경(寶慶)스님이 오늘의 모습으로 중창했다는데, 이승만 대통령이 그를 좋아해서 자주 왔다고 한다. 보경스님의 건의로 "대처승은 절을 떠나라"는 사찰 정화 운동이 일어났다고도 전한다.

극락보전에 안치된 목각아미타여래설법상(木刻阿彌陀如來說法像, 보물 제748호)도 유명하지만 현판 글씨가 자랑스럽다. 이승만 대통령의 삼성보전(三聖寶殿)을 비롯해서, 조선 왕조 말엽의 저명한 서화가로 알려진 백련(白蓮) 지운영(池雲英)의 보화루(寶華樓), 해강(海岡) 김규진(金圭鎭)의 법화회(法華會), 다로경권(茶爐經卷), 영산전(靈山殿) 등 글씨의 화려한 전시장이다. 놀랍게도 관음성전(觀音聖殿)의 글씨가 낯익어 자세히 보니 송천(松泉)의 낙관이 보이지 않는가. 송천이야말로 추사를 넘어섰다고 칭송을 받는 현역 화백이니, 역시 경국사 주지의 안목이 돋보인다는 생각을 하며 발길을 옮겼다.

삼각산 화계사(華溪寺)는 고종 3년(1866년)에 흥선대원군이 중창하여 '궁(宮)절'이라고 불렸던 사찰이다. 그러니 대원군의 작품인 대웅전(大雄殿), 학서루(鶴棲樓), 화계사(華溪寺), 명부전(冥府殿) 등 많은 현판과 주련을 감상할 수 있다. 그밖에도 추사(秋史)의 상왕

회고(象王廻顧), 박춘강(朴春江)의 화장루(華藏樓) 등 많은 명필 작품을 한자리에서 만나니 참으로 눈이 즐겁기 이를 데 없다.

삼각산 도선사(道詵寺)는 경문왕 2년(862)에 도선국사(道詵國師)가 창건한 사찰이다. 1961년 청담(青潭)스님이 박정희 대통령 부부의 지원을 받아 호국참회원(護國懺悔院)까지 준공하였다. 절밥으로 점심을 마치고 번잡한 경내를 벗어나 드디어 강남 삼성동으로 차를 돌렸다. 수도산 봉은사(修道山 奉恩寺)를 향해서.

봉은사는 고려시대 창건한 견성사(見性寺)가 우여곡절 끝에 조선조 명종이 지금의 위치에 중창한 우리나라 선종(禪宗)의 수사찰(首寺刹)이다.

수사찰답게 명필 글씨가 그득하다. 민족 대표 33인중의 한 분인 독립운동가 오세창(吳世昌)의 선종갑찰대도량(禪宗甲刹大道場), 오제봉(吳濟峯)의 수도산수선종봉은사(修道山首禪宗奉恩寺)를 비롯해 김돈희(金敦熙), 심상훈(沈相薰), 박성수(朴性壽), 지운영(池雲英)의 글씨가 걸려있다.

그러나 봉은사가 빛을 보는 것은 추사의 덕이리라. 김정희(金正喜)는 '대웅전(大雄殿)'과 '판전(板殿)'의 글씨를 남겼다. 전각 판전에는 『화엄경소』를 비롯한 많은 목판본이 보관되어 있는데, 현재 총 16부 1,480매에 달한다고 한다.

추사가 남긴 불후의 명작은 세한도와 판전 편액의 두 글자다. 세한도는 제주도 귀양살이를 할 때 그려졌고, 판전은 71세에 써놓고 3일 후에 운명을 했다는 마지막 작품이다. 그 상황을 생각하며 바라보니 옷깃을 여미게 한다.

문득 어느 문우의 글이 떠오른다. 내 수필을 읽고서 순박하고 고운 마음씨를 느꼈다며 추사의 판전을 떠올렸어도 괜찮겠느냐고도 했다. 나는 그때만 해도 판전을 들어보지도 못했으니 칭찬인가 농담인가 했다.

"추사체의 졸(拙)함이 극치에 달해 있어 어린아이 글씨 같기도 하고 지팡이로 땅바닥에 쓴 것 같기도 하지만, 졸한 것의 힘과 멋이 천연스럽게 살아 있어 불계공졸(不計工拙: 잘 되고 못되고를 가리지 않는다)도 뛰어넘은 경지(境地)로 보인다."고 평하는 그 명필이 바로 저 판전이 아닌가. "기교는 없으나 항상 보아도 싫증이 나지 않는 신비스러움을 간직하고 있다."고도 평한다.

나는 그림을 잘 모르지만 세한도가 걸작이라고 들어서 영인본의 큰 액자를 사다 걸어놓고 감상을 한다. 그러나 그 묘미를 느끼지 못했는데 오늘 봉은사에서 얻은 『奉恩 板殿』(2016. 12호)을 보니 마침 세한도와 판전을 해설한 글이 실려 있다.

세한도는 추사가 유배생활 5년째인 1844년에 그린 작품이다. 추사를 한결같이 대하는 제자 이상적(李尙迪)의 마음씨에 감동하여 보내준 그림이다. 문외한의 눈에는 엉성하게 보이나, 추사 자신의 내면세계를 드러낸 조선조 최고의 산수화로 평가를 받는다.

오른쪽에 구부러진 굵은 소나무의 둥치는 온갖 풍상을 겪으며 굴하지 않는 자신의 당당함을 표현한 것이고, 자라다 말라버린 소나무의 남쪽 가지는 더 이상 자신의 꿈을 이룰 수 없는 현실세계란다. 왼쪽에서 휘어진 소나무를 고이듯 떠받들고 있는 잣나무는 제자의 고매한 인격을 상징하는 것이라지 않는가. 이 글을 보니 세한도의 멋과 품격을 새삼 느끼게 된다.

동작동 현충원을 들러야 한다고 서두르는 바람에 봉은사를 일찍 떠난 것이 아쉽기는 하지만 후일에 더 깊이 연구하고 자세히 감상하기로 하고 발걸음을 옮겼다. 예상 밖에 큰 대어를 낚은 즐거운 하루다.

운보의 말씀

제19회 수필의 날 행사 통지를 받자 그날로 참가 신청을 했다. 행사장이 청주라니 몇 십 년 전 처갓집 재행을 가던 추억을 떠올리며, 지팡이를 짚고라도 따라 나서기로 결정을 했다.

1호차는 일찍 청주에 도착하여 예정과는 달리 '운보의 집'을 찾아갔다. 운보(雲甫) 김기창(金基昶)은 우리나라의 20세기 미술계에 커다란 족적을 남긴 불운의 화백이다. 7세 때 장티푸스로 청각을 잃었으나 그 역경을 극복하고 화려한 꿈을 실현한 인생의 승리자다. 그러기에 청주 지역의 명소로 알려져 많은 나들이객이 찾아주는 사후의 영광을 누린다.

상상 외로 큰 규모에 놀랐다. 광대한 부지에 조성된 문화예술의 광장이다. 전통 양식의 한옥이 그 위엄과 멋을 한껏 자랑한다. 그 뒤로 운보미술관과 운보공방, 분재, 수석공원 등이 자리 잡고 있다.

오른쪽 산기슭에는 운보 내외를 합장한 묘소도 있다. 어쩌다 외톨이가 된 이광복 이사장님을 만나 함께 참배를 하고 내려왔다. 돌아 나오는 길에 운보의 집으로 가는 초입 길옆에 세워진 거대한 돌비석 앞에서 다시 발걸음을 멈추고 말았다. 절절한 그 말씀을 잊을 수가 없기에.

듣지 못한다는 느낌도 까마득히 잊을 정도로 담담하게 살아왔다고 실토하는 도인은 "요즘같이 소음 공해가 심한 환경에서는 늙어갈수록 조용한 속에서 내 예술에 정진할 수 있었다는 것은 오히려 다행이었다."고 한다. 날이면 날마다 짜증나는 개소리 소음공해와 신물 나는 난장판 영상공해에 시달리면서도 불평만 하는 나에게 보내는 준엄한 질책이 아닌가.

마지막 소원을 말하라면 "도인이 되어 선(禪)의 삼매경에서 그림을 그리는 것"이라고 담담히 말하는 그분 앞에 서자니 참으로 부끄럽기 이를 데 없다. 옛 선비들을 흉내 낸답시고 뒤늦게 사군자를 배우는 나를 보고, 기특하다 하실까 가소롭다 하실까, 어쩐지 얼굴이 붉어진다.

"고인이 된 아내의 목소리를 한 번도 들어보지 못 한 게 유감스럽고 또 내 아이들과 친구들의 다정한 대화 소리를 들어보지 못한 것이 한이라면 한(恨)이지요." 하는 대목에서는 내 가슴이 사뭇 아려온다. 그 한을 가슴에 품고 '하늘과 대화를 나누며 어린이의 세계로 귀의'하려고 몸부림친 도인의 명복을 다시 한 번

빌어드리며, 시조 한 수를 임께 올린다.

맑은 산속 넓은 터에 웅대한 '운보의 집'
걸작 그림 모아놓고 발자국 되살리니
뉘라서 빛나는 명성 따를 수가 있으랴.

아픔을 영광으로 되살려낸 선(禪)의 도인
물감으로 한 평생을 담담하게 살았거니
놀랍다 그 끓는 열정 온 누리를 달구네.

-「운보의 집을 찾아」

이상한 미술전(展)

비 개인 오월 하늘이 맑은 바다보다 깊고 푸르다. 문학시대인회 동인들의 봄나들이 목적지가 잠실 롯데백화점이란다. 지팡이를 짚고 참가해도 다른 문우들에게 크게 폐가 되지 않겠다싶어 따라나섰다. 의외로 많은 회원들이 동참해서 반갑고 즐거웠다.

김난석 회장의 안내로 6층의 롯데뮤지엄을 찾아갔다. 내게는 이름도 생소한 미국인 화가 제임스 진(James Jean)의 전시회, 끝없는 여정(Eternal journey)이 성황리에 열리고 있다.

오색이 찬란한 유화나 아니면 이해할 수 없는 추상화가 그득하리라 생각했는데, 아니다! 상상을 초월한 이색적인 그림이 아닌가. 시커먼 먹물만으로 사실적이고 지엽적인 문인화를 배워보겠다고 덤벼든 늦깎이에게는 글자 그대로 충격이다.

이 화가는 뉴욕의 명문대학인 '스쿨 오부 비주얼 아츠(SVA)' 출신이라니, 화가의 처지와 생각이 더더욱 궁금해진다. 1979년에 대만에서 출생하여 3세 때 뉴저지로 이주했다니, 완전한 미국인이 되었을 법하다. 그러나 고향을 못 잊고 방황하는 '이방인'이라고 탄식을 한다.

미국에서 성장했지만, 그곳을 진정한 고향이라고 느낀 적이 없었으며, 중국어를 모르기에 아시아 역시 나에겐 편안함을 안겨주는 고향이 아니라고 실토를 한다.

그러나 그 고립감이 자기 예술의 기반이 되었다니 흥미롭다. 하기는 배부르고 평안한 환경에서 피를 말려야 하는 독창적인 작품이 나올 리 없지 않은가. 그는 마음의 눈으로 본 것을 그림으로 옮기려 하지만, 마음의 눈에 어린 이미지가 손으로 전해지는 과정에서 저항을 받으니 완전한 표현은 불가능하다고 불만을 토로한다. 흥미롭게도 그 저항과 불완전한 전달과정에서 상상했던 이미지는 뜻밖의 형태로 변형을 하고, 때로는 예상치 못한 방향으로 유도하기도 한단다. 그 변형된 이상한 그림에 대중은 홀려 박수를 쳐대고 있다.

마음 둘 곳 못 찾아 방황하는 이방인
눈에 비친 영상이 손끝에서 일그러져
그림도 이상하고나 세상이 시끄럽네.
- 「괴상한 그림 잔치」

나는 아무리 이해하려 해도 재미가 없어 체념하고 말았다.

나야말로 구제불능의 이방인이 된 느낌에, 이국정취를 맛보며 출구를 물어물어 일찍 나오고 말았다.

오후의 일정은 석천호수 둘레길 산책이다. 중간쯤의 적당한 위치에 찻집이 있어 쉬고 있을 때다. 지술현 총무가 행운의 전령사가 되어 회원들을 놀라게 했다. 나는 야외 나들이를 갈 때마다 행운의 상징인 네잎짜리 토끼풀을 찾아보았으나 한 번도 따본 적이 없다. 그런데 지 총무는 어데서 뜯었는지 네댓 개를 들고 와 나누어주지 않는가. 다섯 잎 자리도 두 개나 발견했지만 의미가 좋지 않아 그냥 두고 왔다며. 나도 한 잎 받아 바로 책갈피에 넣었다.

마음을 비운 착한 사람의 눈에나 잘 뜨이는가 보다. 착한 마음씨의 사람을 총무로 모셨으니 문학시대인회의 앞날에도 큰 행운과 발전이 찾아들지 싶다. 그 기대로 마음을 부풀리며 즐거운 나들이를 마감했다.

작은 뜰 큰 잔치

내앞 마을 입구에 차를 대놓고 만송헌을 찾아드니 앞 뜨락엔 잔치 준비가 다 되어 손님을 기다리고 있다. 운곡 내외분의 발걸음이 분주하다. 대문을 들어서며 '세심정' 현판부터 들여다보았으나, 이미 다른 손님이 차지하고 있다. 아쉽지만 마음을 씻기는커녕 걸터앉아볼 수도 없어 시조나 한 수 남기기로 했다.

옹달샘 물 흘러내려 밤낮 없이 쫄 쫄 쫄
대문 옆 정자에서 마음을 씻어내니
선비는 올곧은 생각 흐려질 수 없어라.

제5회 '문학과 음악이 함께하는 작은 뜰' 현수막이 불빛에 화려하다. 이름난 풍류객이 전국 곳곳에서 찾아들었다. 격조 높은 옛 선비의 시조창을 비롯해서, 시와 노래, 색소폰과 대금에다 이름난 춤꾼의 교방무에 선비춤까지, 소프라노와 테너의 열창,

동 서양을 넘나드는 풍류 한마당이 작은 뜰을 달군다. 시종 흥겨운 잔치판을 이끌어가는 사회자의 예쁜 말솜씨에 맏아들의 맛깔 나는 인사말도 여운을 남긴다.

'축배의 노래'가 잘도 어울리는 화려한 밤이다. 시가 있어, 노래가 있어, 춤이 있어 마냥 흥겨웠다. "좋~다", "얼씨구", "예쁘다" 추임새가 절로 터져 나오는 굿판이다. 해를 거듭할수록 명성이 자자한 내앞 마을 잔치다. 안동의 명품 축제로 자리매김할 날이 돌아오리라.

주인의 인사말은 끝났지만 작은 뜰의 큰 잔치 흥취는 쉽게 사그라지지 않는다. 해가 떨어지자 한기가 몸을 움츠리게 한다. 마침 출출한 판에 '서운고당' 안마당에는 또 한 판 뒤풀이 잔치가 준비되어 있다. 뒤풀이잔치를 노래하지 않을 수 없다.

서운고당 안채에 풍성한 음식 차려
막걸리 동동주에 남은 흥 식히려니
안주인 후덕한 덕에 허리 풀고 즐기네.

뒤풀이가 쉽게 끝나지 않을 것 같아 우리는 숙소인 안동독립운동기념관으로 안내를 받아 여장을 풀었다.

미국을 오가며 아들딸 교육을 잘 마무리한 셈이니, 자신의 보금자리를 마련하느라 작년에는 만송헌 뜰 잔치까지 건너뛰었단다.

아무리 둘러보아도 만송헌 고택밖에는 신축 건물을 찾아볼 수 없었다. 물어보니 청허재 현판이 걸려있는 뒤채로 안내하지 않는가. 만송헌에 이어서 지었고, 빛깔도 고색이 창연하니 겉으로 보면 한 채다. 그러나 문을 열고 들어서니 독립된 살림 공간이 펼쳐지고, 작은 계단을 통해 안채와 연결되어 있다. 도시 계획의 대가로 알았더니 건축설계의 달인이 아닌가싶다.

다시 운곡 뜰 구절가의 한 곡 청허재(淸虛齋)를 지어본다.

청아하고 겸허하게 만송헌에 덧붙여
밖으로는 같은 집 안에 들면 편한 쉼터
그 솜씨 놀랍기도 해 부럽기 한량없네.

오래전에 운곡은 거금을 들여 예쁜 소나무를 옮겨 놓았노라 자랑을 했다. 듣고 보니 효성이 지극한 아들딸들이 정성을 모아 권석현 여사님의 팔순 기념수로 세심정 건너편에다 심어 놓고 현송(賢松)이라 명명한 것이 아닌가. 아직은 자그마하나 오래지 않아 운곡 뜰을 상징하는 거목이 되어 독야청청 하리라 상상하며 노래 한 수 남겨둔다.

팔순 고개 마루턱에 아들딸 정성 모아
세심정 마주 보게 옮겨 앉힌 솔 한 그루
작은 뜰 안주인 되어 천년만년 푸르리.

청허재 앞에는 자그만 텃밭이 있다. 놀라운 것은 채소를 길러놓은 솜씨와 그 부지런함이다. 어느 농부가 그렇게 말끔하게 가꿀 수 있을까. 이름난 안동 땅의 금수저 출신에다 화려한 경력을 들추어보아도 머슴살이 전력은 없는데…. 운곡은 내앞 마을이 낳은 만능선비란 생각을 지울 수 없다.

장릉의 아픈 사연

본래 조선의 왕릉은 한양에서 100리 이내에 두는 것이 관례다. 그러나 단종의 능만이 멀리 영월에 떨어져있다. 그만큼 가장 사연이 많은 왕릉이라 사람들의 발길이 끊이지를 않는다.

단종은 생후 하루 만에 어머니가 돌아가셨고, 아버지 문종마저 일찍 승하하셔 어린 나이에 왕좌에 올랐다. 그러나 숙부인 수양대군이 계유정란으로 권력을 잡자 왕위를 내주고 상왕으로 물러앉았다. 그 후 단종은 충성어린 사육신들의 복위운동이 누설되자 노산군으로 강봉되어 유배의 길에 오르고, 아내 정순왕후와도 생이별을 했으니 이보다 더 기구한 운명이 어디에 있겠는가. 그 슬픔과 고뇌를 그가 남긴 자규시(子規詩)가 전해준다.

원통한 새 한 마리가 궁중을 나오니
외로운 몸 그림자마저 짝 잃고 푸른 산을 헤매누나

밤은 오는데 잠은 이룰 수 없고
해가 바뀌어도 한은 끝없어라
새벽 산에 울음소리 끊어지고 여명의 달이 흰 빛을 잃어 가면
피 흐르는 봄 골짜기에 떨어진 꽃만 붉겠구나
하늘은 귀먹어 하소연을 듣지 못하는데
서러운 이 몸의 귀만 어찌 이리 밝아지는가.

서인이 된 단종은 사약을 받고, 시신이 동강에 버려졌다. 영월의 호장이었던 엄흥도(嚴興道)가 시신을 몰래 수습하여 암장했다고 한다. 그래서 오랫동안 묘의 위치조차 알 수 없었는데, 100여 년이 지난 중종 조에 당시의 영월군수 박충원(朴忠元)이 묘를 찾아 묘역을 정비하였다. 그 후 250여 년이 지난 숙종 조에 와서야 비로소 단종으로 복위되며 무덤도 장릉이란 능호를 갖게 되었다.

옛날엔 목숨 걸고 받드는 충신도 있었건만 눈앞의 이익과 자신의 영달만 추구하는 정상배들이 우글거리는 현실을 떠올리면 '정려각'이 더 없이 크게 보인다.

어린 왕 궁궐 떠나 관풍헌(觀風軒) 뜰 낙엽 되니
강물에 버린 시신 눈물로 수습하여
한밤중 남몰래 묻고 멀리 떠난 엄흥도.

가신 임 못 잊어서 묘역 찾기 일백 년
누명 벗고 복위되기 수 백 년 참았거니

장릉 뜰 지키는 충절 정려각*도 빛나리.

－「돋보이는 정려각」

장릉만큼 사연이 많고 한이 서린 왕릉은 없다. 지형은 말할 것도 없지만 묘역의 석물이 왕릉답지 않게 엉성하다. 배견정(拜鵑亭), 배식단(配食壇), 장판옥(藏版屋), 정려각이 묘역 안에 들어서 있는 것도 눈길을 끈다. 단종의 능과 그 부인 정순왕후 송씨의 능이 멀리 떨어져 있지만 가까이 모실 수도 없다. 궁여지책으로 남양주문화원이 1999년에 사능(思陵)에서 자란 소나무 한 그루를 옮겨다 심어놓았다. 슬픈 인연의 두 영혼이라도 함께 지내라는 뜻에서. 앞에 놓인 정령송(精靈松)이란 표지석이 어린 나무를 지키고 있다.

어린 임 생이별에 눈물 젖은 긴긴 세월
죽어서도 한을 못 푼 정순왕후 가련해
그 넋이 환생을 했나 찾아온 솔 한 그루.

－「정령송」

*旌閭閣: 엄흥도(嚴興道)의 충절을 기리는 비각.

청량사(淸凉寺)에 들르다

4월의 첫 일요일이다. 오래전에 예약을 한 청량사 탐방의 날이다. 몇 해 전에 닭실마을에 들러 충재(冲齋) 권벌(權橃) 선생이 지은 청암정(靑巖亭)을 보고, 퇴계(退溪) 선생이 즐겨 거닐던 '예던길'을 걸어보던 생각이 떠오른다. 그때 퇴계 선생이 그 길을 거쳐 자주 드나들었던 청량사를 시간이 없어 못 가 아쉬웠던 기억이 새롭다. 마침 '무량도량회'에서 청량사를 간다기에 따라나섰다.

청량사는 청량산 깊숙이 자리 잡고 있어서 지금의 내 처지로는 도저히 올라갈 수가 없다. 그래서 이 절 주지였던(현재는 조계사 주지) 지현스님도 '오르기 사나운 곳에 청량사가 자리해 있다는 사실이 송구스러울 뿐'이라고 기술하고 있지 않은가. 그러나 우리는 걱정이 없다. 김 회장의 배려로 편히 갈 수가 있으니. 고령자 몇 사람은 주지스님이 내어준 차량으로 경내까지 올라가는 특전을 누리기 때문이다.

청량사 입구 매표소에서 올라가는 길은 경사가 심하고, 겨우 차량 한 대가 조심스럽게 올라가야 할 만큼의 넓이다. 뿐만 아니라 절을 둘러싸고 가파른 절벽이 솟구쳐있기 때문에 골짝마다 능선을 가로질러가며 길을 내자니 그 길의 길이가 길 수도 없다. 몇 미터 가다보면 바로 절벽에 부닥쳐 길이 안 보인다. 조심스럽게 끝까지 가야 오른쪽으로 급하게 꺾인 길이 보인다. 꺾인 길을 조금 가다보면 또다시 왼쪽으로 급하게 꺾어야 한다.

마음 졸이며 차에 실려가다보니, 문득 금강산 올라가던 생각이 떠오른다. 좁고 가파른 계곡에 자동차 길을 내자니 S자의 연속일 수밖에 없다. 180도 U턴을 해야 하는 좁은 길을 능숙하게 돌아가는 중국교포 운전사의 곡예운전에 모두들 찬탄을 했었는데, 청량사의 갈지자 길은 더 마음을 졸이게 한다.

청량사는 신라 문무왕 3년(663)에 원효대사가 지은 절이다. 천년 전에는 더 험한 깊은 산속이었을 터인데, 어쩌자고 이곳에, 어떻게 절을 지을 수 있었을까 상상하니 그 불심에 저절로 머리가 숙여진다. 청량사의 중심 전각인 유리보전(琉璃寶殿)은 여러 차례 전란을 겪으면서 개축되었지만, 그 현판은 고려 말 공민왕이 홍건적의 난을 피해 왔을 때 쓴 친필이라고 한다. 보전상태도 좋고 필치도 활달해 옷깃을 여미게 한다.

퇴계는 이곳을 드나들며 저 맑고 시원한 산속에서 마음을 닦고 학문을 익혔다. 올곧은 선비의 길이 얼마나 힘겨웠을까 상상하려니 머리가 절로 숙여진다.

옛님 건던 예던길* 숨 가쁘게 올라보니
유리보전* 에워싼 기암절벽 솟구쳐
맑은 산 깊은 골짝에 천년 꿈이 서렸네.
-「청량사(淸凉寺)를 찾아」

*예던길: 퇴계가 거닐던 낙동강 상류의 오솔길.
*琉璃寶殿: 청량사에 있는 조선 후기의 불전.

청령포 솔숲에서

오래전에 약속한 나들이다. 그런데 하필 떠나는 날에 전국적으로 눈비가 내린다니 어쩌나. 단단히 대비하고 떠났는데 다행히 예보가 빗나갔다. '문화유산사랑회'는 항상 날씨 걱정은 안 했노라며 기뻐했다. 영월에 도착했을 때는 하늘이 맑게 개었다. 첩첩산중에 동강 서강이 굽이돌며 보기 드문 절경을 만들어냈다. 그뿐만 아니라 단종과 김삿갓의 영혼이 숨 쉬는 이 고장은 적막한 내륙의 오지가 아님을 실감했다.

먼저 청령포(淸泠浦) 물가에서 버스를 내렸다. 푸른 강물로 둘러싸인 섬 아닌 섬의 절경이 한 폭의 산수화가 아닌가. 푸른 강물 건너로는 깨끗한 모래밭이 펼쳐지고 그 끝에는 울창한 소나무 숲이 동산을 이루고 있다. 솔숲 너머로는 험준한 지세의 육육봉(六六峯)이 병풍같이 이어진다.

우리는 저 비경을 보고 탄성을 올리지만 육백여 년을 거슬러

가면 가슴 아픈 역사의 현장이었다. 조선의 6대 임금 단종이 세조에게 왕위를 빼앗기고 쫓겨 온 유배지다. 구중궁궐에서 자란 어린 왕은 배를 타며 얼마나 놀랐을까. 솔밭에서 놀다 지루하면 절벽에 올라 한양 쪽을 바라보며 하염없이 많은 눈물을 흘렸으리라. 가슴이 저려온다. 오를 때마다 한양에 두고 온 왕비 송씨를 그리며 한 덩이씩 올린 돌들이 쌓여 망향탑(望鄕塔)으로 남아 있으니….

거센 물 휘돌아간 모래섬 언덕배기
가신 임 쌓아 올린 망향탑 홀로 남아
바람도 무심치 않아 옛이야기 전하네.
-「망향탑 바라보며」

청령포 소나무 밭은 나루터에서 바라보는 것도 아름답지만 그 안에 들어가면 더욱 놀랍다. 탄성이 절로 터진다. 아름드리 적송 수백 그루가 하늘을 가린다. 신기하게도 어린 왕이 거처했던 곳을 향해 읍(揖)하는 듯 허리를 구부리고 있다. 그중에서도 가장 실하게 자란 소나무, 밑동부터 갈라져 단종이 걸터앉아 놀았다는 나무가 시선을 끈다. 단종의 애처로운 모습을 보고(觀), 슬픔과 울분으로 가득 찬 그의 오열을 들었다(音)고 해서 관음송(觀音松, 천연기념물 제349호)이라는 이름이 붙여졌다고 한다.

낙락장송 숲 속에 우뚝 솟은 관음송
옛님과 함께 놀며 울음마저 들었거니
만고에 기릴 충절은 너뿐인가 하노라.
- 「관음송 아래서」

마당에는 '단묘재본부시유지(端廟在本府時遺址)'라는 글이 새겨져 있는 단묘유지비가 서 있고, 소나무 숲의 북쪽에는 금표비(禁標碑)가 있다. 이 비는 영조 2년(1726)에 세워진 것으로 청령포의 동서로 300척, 남북으로 490척 안에서는 뭇사람의 출입을 금하며 벌목이나 토사의 채취를 금하는 내용을 담고 있다.

1457년 여름에 홍수로 서강이 범람하여 청령포가 잠기자, 단종은 두어 달 만에 영월부사의 객사인 관풍헌(觀風軒)으로 처소를 옮겼다. 그러나 그해 9월에 금성대군이 복위 계획의 실패로 사사되자 다시 노산군은 서인이 되었고, 10월에 이곳에서 사약을 받는 비운을 맞았다. 청령포 나루터 언덕에는 단종의 유배길과 사형 길에 금부도사로 왔던 왕방연(王邦衍)의 시비가 외롭게 서있다. 그는 왕명을 수행하는 관리로서 형을 집행할 수밖에 없었지만 돌아가는 길에 비통한 심정을 그린 시 「회단종이작시조(懷端宗而作時調)」를 남겼다.

천만리 머나먼 길에(千里遠遠道) 고운님 여의옵고(美人別離秋)
내 마음 둘 데 없어(此心未所着) 냇가에 앉았으니(下馬臨川流)
저 물도 내 안과 같아서(川流亦如我) 울어 밤길 예놋다(嗚咽去不休)

서울에서는 대통령을 '파면하라', '파면하면 안 된다'라는 촛불과 태극기의 물결이 아우성이니 왕방연의 시조가 한층 내 가슴을 적신다. 시간이 흐르고 세상이 바뀌어도 역사는 되풀이하는 것일까. 이 아름다운 강산에 언제까지나 이런 큰 시련이 닥치는 것일까.

충무공 찾아 통영으로

지리산 연곡사에서 점심 공양을 받고 섬진강을 따라 하동포구 팔십 리 길의 절경을 감상하며 남해로 내려왔다. 남해에서 충무공 전몰유허지(기념관)를 둘러보고 통영으로 내려갔다. 젊어서도 와 본 곳이기는 하지만 우리의 산야가 이렇게도 아름다운 줄은 미처 못 느꼈다. 아는 만큼 보인다지만 많이 본 만큼 느껴지는가 보다.

아침 일찍 제승당(制勝堂) 가는 배를 타기 위해서 통영 시내의 콘도에서 자고 출발을 서둘렀다. 통영을 동양의 나폴리라 한다지만 나폴리보다 훨씬 아름답지 않은가. 수많은 섬들로 둘러싸인 내해의 물결은 태풍이 와도 잔잔하고, 녹주석 물빛은 투명하기 그지없다. 겨울에도 눈이 안 내린다니 춥지도 덥지도 않은 쾌적한 곳이다.

통영의 가장 큰 자랑거리는 한산도가 아닐까. 근대 해전사상 가장 통쾌한 승리를 한 곳이니 말이다.

30분쯤 달렸을까. 오른쪽으로 보이는 거북선등대를 지나자 바로 한산섬의 선착장이다. 우거진 적송을 바라보며 걷는 해변길이 구불구불 아름답다. 무거운 다리를 끌며 대첩문(大捷門)을 지나 비탈길을 오르니 제승당 수루(戍樓)가 덩그러니 서 있다. 경내에는 귀선각(龜船閣)・한산정(閑山亭)・유허비(遺墟碑) 등이 있으나 나는 구석구석 돌아보는 것도 힘겨워서 바로 수루로 올라가 충무공의 심경을 상상하며 시조 한 수를 지어보았다.

'한산섬 달 밝은 밤 수루에 홀로 앉아'
긴 칼 놓고 시름하는 옛 임의 우국충정
그립다 불타는 열정 내 가슴을 적시네.

날렵한 철거북선 불 뿜으며 부딪치니
섬멸당한 패잔병 혼비백산 도망쳐
장하다 목숨을 던져 나라를 구했느니.

-「제승당 찬가」

통영은 시내에서 바다를 내다보는 풍광도 좋지만, 밖에서 내륙을 바라다보는 항구도시의 전경이야말로 한 폭의 그림이다. 이 아름다운 고장에서 저명한 예능인들이 배출되었다는 것도 우연이 아닐 것 같다. 여객선 선장의 세련된 통영 자랑이 듣는 이의 마음을 홀리니 이 항구에 살고 싶어진다. 십년만 젊었어도 말이다.

이순신(李舜臣) 장군은 소인배들의 모략으로 한때 백의종군을 하는 불운도 견뎌냈다. 얼마 후 바로 삼도수군통제사로 기용되어 명량대첩(鳴梁大捷)의 혁혁한 전과를 올리기도 했다. 불과 13척의 배로 330척의 왜군을 맞아 그중 133척을 수장시켰다니….

그러나 장군은 다음해 노량해전(露梁海戰)에서 죽음을 두려워하지 않고 진두지휘하다 장렬하게 전사하셨으니 그 우국충정은 우리 겨레의 가슴속에 영원히 살아계신다. 공은 숨을 거두면서도 '이 전쟁이 끝날 때까지 나의 죽음을 알리지 말라'는 유언을 남기셨다니 그 얼마나 숭고한 호국정신인가. 머리가 저절로 숙여진다.

풍악산 자락에서

금강산은 언제 가도 어딜 보아도 아름답다. 선인들은 계절 따라 달리 부르기도 했다. 가을의 풍악산을 머릿속에 그리며 또 따라나섰다. 2005년 4월 초에 재경여주중농고동문회 후배들과 처음으로 갔고, 그 기행수필 「금강산의 봄」으로 문단에 발을 들여놓았는데, 그 후배들과 십여 년 만에 또 풍악산 남쪽 자락으로 가을나들이를 떠나자니 감회가 새롭다.

가슴이 설레 밤잠마저 설쳤는데, 출발부터 가을비가 소리 없이 날린다. 산골짝마다 붉게 타오르기 시작했는데, 아마도 풍악의 색조를 더욱 밝게 해주려나 보다. 공교롭게도 버스에서 내릴 때면 햇볕이 반짝 나서 만추의 산정을 만끽할 수 있었다.

미시령을 넘어 내려가다 왼쪽으로 방향을 틀어 30뿐쯤 달렸을까, 건봉사(乾鳳寺, 강원도 기념물 제51호) 경내에 들어섰다. 건봉사는 금강산 감로봉(甘露峰) 기슭에 520년(법흥왕 7) 아도(阿道) 화상이 창건한 천년 고찰이다. 758년(경덕왕 17) 발징(發徵) 화상이 중건하고 염불만일회(念佛萬日會 : 10,000일 동안 염불을 계속하는 모임)를 베풀어, 우리나라의 만일회가 시작된 유서 깊은 곳이기도 하다. 이 절은 우리나라 31본산의 하나이며 4대 사찰에 들었으니, 당우(堂宇)로는 총 642칸과 보리암, 봉암암 등 124칸의 부속 암이 있었고, 많은 중요문화재를 소장하고 있었던 명찰이었다.

건봉사는 세조가 행차한 이래 많은 지원을 받고 조선왕실의 원당이 되었는데, 임진왜란 때에는 사명대사가 승병을 모아 호국의 본거지가 되기도 했다. 1605년에 사명대사가 일본에 강화사로 갔다가 통도사에서 왜군이 약탈해갔던 부처님 치아사리를 모셔와 이 절에 봉안하였기에 건봉사에서는 대웅전과 적멸보궁을 함께 만나게 되는 것이 특이하기도 하다.

그러나 웅장한 불이문(不二門)을 지나는 순간 가슴 설렜던 기대는 산산이 깨어지고 말았다. 대웅전의 규모도 작거니와 여기저기 흩어진 도량의 흔적들이 착잡한 상념을 불러낸다.

6·25전쟁으로 인해 이 절은 완전히 폐허가 되었다. 휴전 직전까지 국군 제5, 8, 9사단 및 미군 제10군단의 연합군과 공산군 5개 사단이 16차례의 치열한 공방전을 벌였던 격전지였다니 모두가 사라지고 전쟁의 아픔만이 남아있다. 1994년부터 대웅전, 종각, 염불만일원 등이 복원되고 있으나, 현재는 대한불교조계종 제3교구 본사인 신흥사의 말사이고 보니 옛날의 영화를 되찾기는 요원하기 만하다.

신기하게도 절터 제일 높은 곳에서 수백 년을 지켜온 왕 소나무 한 그루가 늠름한 모습을 자랑하고, 입구의 불이문만이 환란 중에도 살아남았다. '不二門'이라 쓴 해강(海岡) 김규진 서화가의 현판 글씨가 돋보인다. 유일하게 불타지 않은 불이문은 강원도 문화재자료 제35호로 지정되어 있다.

초토화된 도량의 중건은 현재로는 지지부진할 수밖에 없으니 비에 젖은 주춧돌들이 한층 더 을씨년스럽기만 하다. 남북의 화해가 진전되어 금강산의 만물상을 자유롭게 드나들 수 있어야 금강산 일원이 함께 활기를 찾으리라. 호국승병의 거점 사찰답게 안보의 초석이 되어 평화통일을 염원하는 온 국민의 원당으로 번창하기를 기원하며 시조 한 수를 남긴다.

풍악산 감로봉은 구름 속에 늠름하고
건봉사 빈 뜰에는 주춧돌만 나뒹굴어
언제나 찾아 들려나 그 옛날의 영화는

– 「건봉사에 들러」

아쉬움을 남긴 채 시간에 쫓겨 단풍으로 물든 송지호를 찾아 부슬비 속에 버스를 돌렸다. 넓은 호수 한가운데 오뚝 솟은 '송호정'의 운치 있는 정경이 눈에 선하다.

한림공원에서 헤맸다

2년 만에 제주도를 다시 찾아갔다. 모아둔 항공마일리지가 2018년이 지나면 소멸한다기에 우리 가족 4인의 항공권을 예약한 것이다. 3월이 비수기라 붐비지도 않고, 경칩을 지나니 춥지도 않고 좋았다. 화산석으로 쌓은 야트막한 돌담과 길가에 줄지어 서 있는 야자수들을 만나니 이국적인 분위기마저 느낀다.

막내아들이 짠 2박 3일의 일정에 따라 자동차를 빌려 타고 명승지를 여유롭게 누볐다.

제일 먼저 들른 곳이 한림공원. 무려 10만평 규모라는데 놀랐고, 그것이 개인 소유라는데 더 놀랐다. 그 거인의 큰 꿈과 열정이 없이는 이루어질 수 없는 제주의 자랑거리다. 나무가 저절로 자라 우거진 숲이 아니다. 온갖 종류의 진귀한 식물들이 그득하니, 공원 전체가 식물원이요 화원이 아닌가.

문득 '시마네(島根) 문화탐방'을 갔던 생각이 떠올랐다. 시마네현은 일본에서 가장 인구가 적은 현이지만, 자연환경을 활용하여 관광객을 끌어들이고 있다. 가장 인상적이었던 곳이 그들이 명원이라고 자랑하는 유시엔(由志園)이다. 사계절 내내 모란을 피워서 일명 '모란의 정원'이라고도 한다. 그들 특유의 인위적인 설계와 재배기술을 접목하여 방문객의 눈길을 끈다.

마침 매화축제의 홍보간판이 보이기에 나는 매화 밭부터 보고 싶었다. 오솔길이 구불구불 이리저리 갈린다. 왼쪽으로 가야 할 것 같은데 아들은 오른쪽으로 향하는 듯했다. 지팡이를 짚는 처지에 따라 가다보니 다리도 아프고, 포기하고 출구로 나가자니 방향감각을 잃어 참으로 난감해졌다.

다행히 아들이 입장할 때 관리사무실의 전화번호를 찍어놓은 것이 있다며, 구원을 청해보겠단다. 얼마쯤 기다리니 관리차량이 찾아왔다. 119구급차라도 만난 듯싶었다. 사정을 들은 여성 직원은 친절하게도 매화 밭까지 태워다 주고 얼마를 기다렸다가 출구 가까이에 태워다주고 간다. 천사가 따로 없다는 생각이 들었다. 매화꽃보다 더 아름다운 마음씨다.

우리 정원은 자연미를 살리는 것이 특성이기는 하지만, 한림공원 같이 넓은 곳이라면 방향이나 거리 등을 알리는 안내표지판과 같은 시설에도 세심한 배려를 했으면 하는 아쉬운 마음에 시조 한 수를 남겼다.

넓디넓은 한림공원 매화 밭 찾아드니
얽혀진 가지마다 활짝 웃는 꽃잎들
나그네 향에 취했나 길 잃고 헤맸다네.
-「매화축제」

3.

마음을 달래며

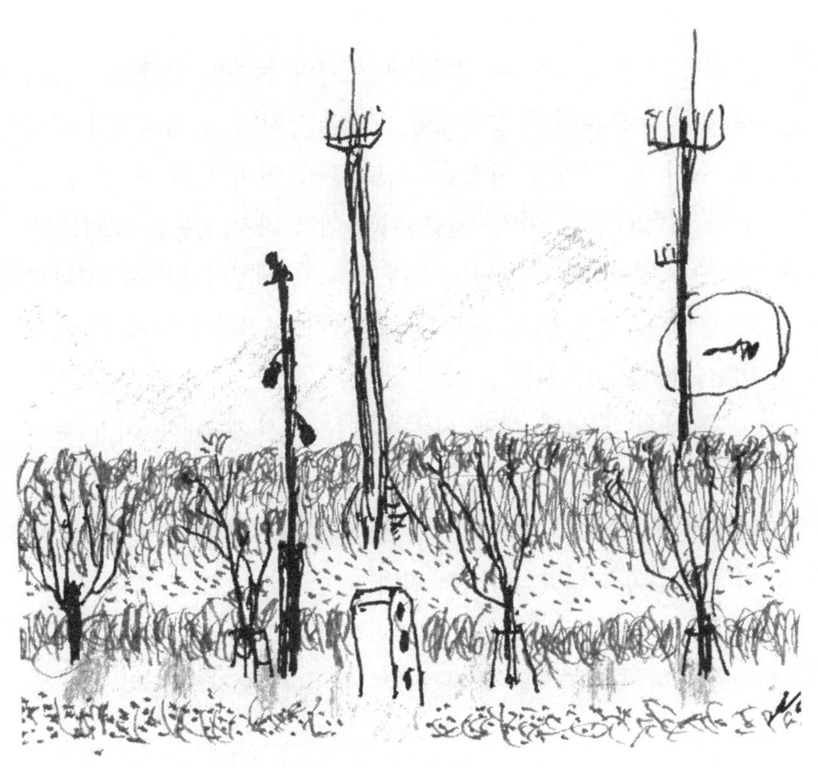

5각의 누런색 배지

나는 매주 2, 3일은 내방역을 오가며 늙마의 무료함을 달랜다. 마누라가 물으면 보훈대학 다닌다고 하며. 내방역에서 내리면 삼사 분 거리에 서초구 보훈회관과 아버지센터가 있어 할 일도 기력도 잃은 아버지들을 위해 여러 가지 활동을 도와준다. 중국어, 영어회화에 경락도 배우고, 스트레칭의 지도와 고관절의 물리치료까지 받고, 문인화 그리기에 도전하여 난을 치며 선비인 척 즐기고 있다.

강단생활 60년에 책과 씨름하다 보니 사회단체나 여러 모임과는 담을 쌓고 외로운 길을 앞만 보고 달려온 셈이다. 우연한 기회에 보훈회관엘 들르니, 6・25참전유공자회가 있는데 왜 아직도 가입하지 않았느냐며 권한다.

금년 유월에는 제69주년 6・25전쟁 참전 기념식이 엘타워에서 있으니 참석하라는 통지가 날아들었다. 오각의 누렁 배지를 수놓은 흰 운동모자와 흰 와이셔츠에 파란색의 망사 조끼를 걸치고 식장엘 들어섰다. 생전 처음으로 참여하는 행사니 좀 어색하기도 하지만, 가슴이 설레기도 한다.

앞쪽 강단의 벽 위에 붙어있는 현수막에는 '나라를 위한 희생과 헌신 서초구가 기억하겠습니다'라 쓰여 있다. 전쟁영웅이라고 추켜세우는 구청장의 축사를 듣자니, 지나온 삶의 굴곡이 새롭게 떠올라 감회가 새롭다. 서초구민으로 살고 있는 것이 행복하고 자랑스럽기도 하다.

누렁 배지 흰 모자의 참전영웅 모여서
몸 바쳐 구국하고 떠난 이름 불러대니
영광의 아픈 세월을 웃음으로 기리네.

탱크 대신 핵무기로 평화를 외쳐댄들
어찌 우리 그날을 꿈엔들 잊을 수야
전우들 흘린 피땀은 길이길이 빛나리.

– 「불멸의 영광」

나는 지금까지 6·25참전유공자라는 것에 별로 자부심을 못 느꼈다. 1·4후퇴 때 학생들 모두가 징집을 당했으니 당연한 것이고, 국가유공자 중에 제일 푸대접을 받는 것 같아서 큰 기대를 하지도 않는다.

나라밖 소식이지만, 2019년 5월 25일 미국 오하이오 주 스프링 그로브 묘지에서 열린 한국전 참전용사 헤즈키아 퍼킨스 씨(90세)의 장례식에는 놀랍게도 고인과는 일면식도 없는 수천 명의 시민이 참석하여 그의 마지막 길을 배웅했다는 기사를 보고 가슴이 뭉클했다.

어쨌든 나는 내 나라에서 매월 18만 원을 받아오다 최근에는 30만 원의 참전 수당을 보훈처로부터 받을 수 있으니 얼마나 고마운가.

세월호 타고 수학여행하다 사망한 자 1인 보상액이 8억 5천만 원에서 12억 5천만 원이고, 5・18때 가담자가 1인 6억 원에서 8억 원이며, 각종 특혜가 주어진다는 메일이 떠돌아다니니, 가짜뉴스로 치부하고 싶다. 나는 국가가 밝히고 기록으로 남겨주면 그것만으로도 영광스럽겠는데, 왜 5・18유공자들은 명단도 대우도 밝히길 꺼려하는지 이해가 안 간다. 본인들은 그렇다 치고, 국가마저 개인 정보만 보호하려든다니 참으로 이상하다. 언제쯤이나 정의로운 사회가 만인에 평등하게 돌아올 것인지….

그래도 어둠이 가시면 태양이 떠올랐다. 반만 년의 역사가 이어지며 이렇게 자랑스러운 대한민국으로 발전해왔으니 나는 밝아올 내일을 믿는다. 그 시련의 역사 속에서 소련제 탱크 앞에 M1소총과 수류탄으로 싸워낸 역전의 참전영웅 대열에 당당히 끼어들어 이름을 밝힐 수 있으니 얼마나 영광스러운가.

내 이력서의 경력란 첫줄에는 '1953. 7. 27. 제대(육특(丙) 160호, 육군 이등병, 군번 0787751)'이 자리를 잡는다. 그리고 평소에 쓰는 중절모 앞에는 5각의 누런색 배지가 반짝인다. 나는 자랑스러운 대한민국의 육군 이등병이었노라.

10형제 앨범

나의 미수기념 수필집에 고등학교 동창을 대표해서 추억담을 한 편 써달라고 장 교장에게 부탁을 했다. 얼마 후에 뜻밖의 회답이 돌아왔다. "고교 시절의 추억이라면 소재가 있지, 그런데 쓸 사람은 해암이 적임자야." 하며 큰 봉투를 건네준다.

봉투 속에는 놀랍게도 중·고 시절의 낡은 사진들과 '10형제 앨범'의 복사본이 들어있지 않은가. 참으로 감회가 새롭다. 이름이 앨범이지 그 당시에는 전란 중에 졸업앨범을 만들 수도 없었다. 여주 시내에 살면서 밤낮으로 똘똘 뭉쳐 돌아다니며 놀던 열 명을 10형제 그룹이라 불렀다. 생일이 제일 빠른 경성호가 맏형, 제일 늦은 강항운이 막내아우로 서열이 매겨졌다. 졸업을 앞두고 우리 손으로 기념물을 만들어 갖자고 제안을 했다. 사진첩이라기보다 신상명세서철이라는 게 좋겠다. 각자의 아호, 자경(自警), 생년월일, 취미, 장래의 꿈 등을 적은 종이 10장을 내가 등사판(지금은 없어졌지만)에 굵어 먹물로 인쇄하고 반명함판 사진 한 장씩을 붙여서 한데 묶은 것이다. 단기 4285년 3월 23일에 제작했고, 첫 장에는 내가 쓴 서문과 湖曈 車載浩의 '大同의 友情辭에 題하여'라는 축사까지 실었으니 격을 갖추려 애를 쓴 셈이다.

慶聖浩의 아호는 水竹, 자경은 '철은 식기 전에 쳐라'다. 李來鳳은 光軒, '근면가는 희망을 말하고 태만자는 불평을 말한다'. 盧在星은 飛虎, '건강은 부보다 낫다'. 李弘純은 白雲, '천재는 노력이다'. 張彩煥은 樂雲, '이론보다 실천'. 具本洙는 太園, '갱생의 광명은 농촌계몽에서'. 李範燦은 海巖, '아는 것이 힘'. 南宮 晃은 한얼, '환경을 초월하는 자가 최후의 승자다'. 徐永完은 畝林, '아는 자가 승리한다'. 姜恒雲은 滄海, '신용은 인생의 둘도 없는 보배다'.

나는 고심 끝에 해암이란 두 자를 골랐는데, 언젠가 해암의 노래까지 지어보았다.

비바람 험궂어도 바다 깊이 뿌리 내려
쉬어가는 갈매기들 말없이 반겨주니
천만년 변할 리 없어 미덥기 그지없네.

바위틈의 풀 한 포기 모여드는 미물들
평안한 삶터 되어 사시사철 거둬주니
그 마음 하늘과 같아 헤아릴 길 없어라.

거친 풍랑 어둔 밤 의지할 곳 몰라도
오가는 뱃사람의 불빛 없는 등대거니
그 모습 잊을 수 없어 길이길이 빛나리.

자세히 보니 대통령 입후보를 하겠다던 수죽, 농림부 장관이 되어 농업 진흥에 이바지하겠다고 호언하던 태원, 한국에서 제일 큰 목장을 경영하는 실업가가 되겠다던 창림은 일찍이 청운의 꿈을 접었으니 안타깝기 그지없다.

나는 부모의 문맹에 대한 한풀이라도 하려는지 아는 것이 힘이니 평생 책과 싸우겠다고 외쳤다. 거창하게도 문필가가 되어 사회적 악습을 철폐 개선하며 사회를 뒤흔들어보겠다고 했다. 때로는 강단에 올라 젊은이들의 가슴속에 강인한 의지와 애국심을 불어넣고, 나와 함께 싸워줄 용감무쌍한 투사를 양성하겠다는 꿈을 토로하기도 했다. 설익은 구상, 맹랑한 꿈을 적었으니 웃음이 절로 나온다.

그 꿈 많은 농학도들이 대부분 가고 말았다. 이제는 남은 사람들도 거동이 불편하여 자주 만나지도 못하고, 추억을 되새기며 미수연을 기다리는 형편이니 어쩌랴. 세월 앞에 당할 장사 없으렷다. 퇴색한 앨범을 다시 뒤적여 본다.

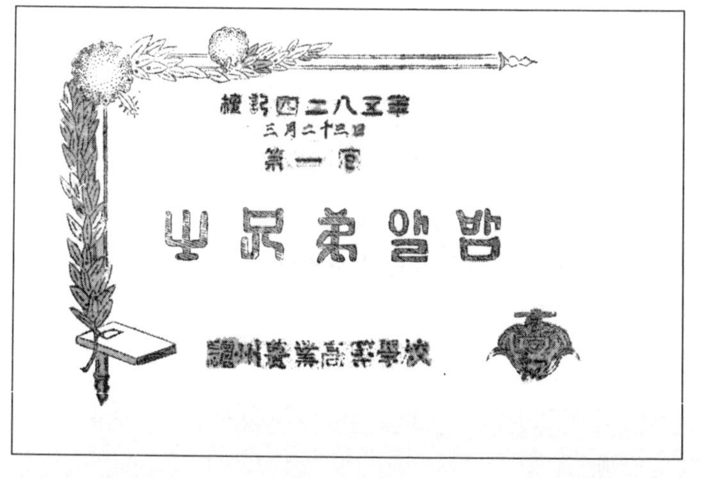

가을이면 생각나는 나무

유난히 더웠던 여름이 가고 가을이 성큼 다가왔다. 하늘이 눈부시게 맑다. 가을이 오면 울긋불긋 물드는 단풍보다도 샛노랗게 변장하는 은행나무 잎이 내 마음을 사로잡는다.

삼십 년 가까이 함께 지내온 명륜당 뜰의 은행나무가 정겹다. 500년 사직을 지킨 나무니 그 세월의 굴곡만큼이나 많은 상처를 입어 여기저기 땜질을 한 몰골이 안쓰럽기 그지없다. 그만큼 기구한 사연과 곡절을 말해주는 듯해 성균관대 교문을 들어설 때마다 내 마음도 숙연해진다.

은행나무라면 천년 고찰 용문사를 지켜온 용문산 초입의 은행나무도 떠올리지 않을 수 없다. 동양 최대의 은행나무 고목이란다. 문득 졸시 「용문의 은행나무」 한 구절이 생각난다.

거친 풍상 겪었어도 늠름하고 고우니

백두대간 지켜낸 품 그 모습 신비로워
태자의 어린 가슴이 노랗게 물들었네.

거친 세월 갖은 풍상을 겪어낸 거목 앞에 서면 대자연의 신비에 머리가 숙어진다. 백년도 못사는 내 자신이 얼마나 초라하게 느껴지는지 모른다.

몇 해 전 수령 7,200년의 고목을 만날 수 있다는 광고에 홀려 또 따라나섰다. 일본의 야꾸시마(屋久島) 섬 깊숙이 자리를 잡은 조몬스기(繩文杉)를 찾아 산수의 나이에 장장 10시간의 산행을 해냈다.

외진 섬 골짝마다 아름드리 삼나무들
우거진 풀숲으론 사슴들의 어슬렁댐
태고의 깊은 비밀을 가슴에 받아 안네.

바위틈 산꼭대기 수천 년을 입 다물고
찬바람 된서리를 잘도 버틴 조몬스기
그 모습 하 신비해서 할 얘기도 잊었네.

기나긴 철길 끝엔 험악한 돌계단이
찬밥으로 땀 흘리며 죽기로 걸었거니
그 나무 정기 받으며 꿈결로 돌아섰네.

-「그 나무를 만나러」

그 나무가 경외롭기는 말할 것도 없지만, 나의 무모함도 잊을 수가 없다. 한편 그만큼 내 체력이 견뎌낼 수 있었으니 놀랍기도 하다.

그런데 불과 5년 사이에 내 체력이 이렇게 떨어질 줄이야 상상인들 했던가.

나는 청계산을 자주 간다. 산행로는 여러 갈래지만 청계산입구역에서 내려 원터골을 한 바퀴 돌아 내려오기를 즐긴다. 대개는 원터골 쉼터까지 오르는 것이 보통이지만 요새는 그 마저 힘겨워졌다. 지팡이에 의지하여 더듬더듬 그 입구까지 가서 쉬다 돌아서고 마는 처지로 전락하고 말았다. 참으로 한심스럽다. 그러니 어쩌랴. 받아들이는 수밖에.

그 대신 새로운 발견을 하고 스스로를 돌아다본다. 그 입구 왼편에 거대한 굴참나무 한 그루가 서 있다. 지금까지 못 본 것이 아니라 당연히 거기 서 있는 나무려니 하고 지나쳤을 뿐이다. 내 처지가 바뀌어 그곳에서 쉬어야 하고 그 나무와의 대화를 하려니 세상이 바뀐다. 내 마음을 비우고 오만했던 내 자신을 되돌아보니 나무가 새로운 모습으로 다가선다. 그 나무가 위대하고 신비롭기만 하다.

270년 전에 원지동 이 자리에 태어난 원터골의 수문장이자 지나가는 길손을 안내하고 보호해준 신령한 수호신이 아닌가. 자세히 뜯어볼수록 늠름하고 믿음직하다. 곧게 자라 높이가 27m, 둘레가 3.8m의 둥치에 사방으로 가지를 쭉쭉 뻗어 이렇게 잘생긴 나무를 본 기억이 없다. 수령은 비교가 안 되지만 조몬스기보다 훨씬 잘 생겼다.

옷깃을 여미고 내 건강을 빌어본다. 앞날이 창창하니 이 고을의 청정과 평안을 지켜 주십사고 겸허히 빌어본다. 돌아서는 발걸음도 한결 가볍다.

굵은 둥치 푸른 가지 마음껏 뻗어내며
긴긴 세월 찬 서리에 원터골 지켜내니
착실히 쌓은 내공이 내 가슴 채워주네.

-「굴참나무 아래서」

겨울 나그네의 수난

'겨울 나그네'는 내가 가장 의미를 부여하고 잘 인용하는 시조다. 희망과 열정을 구가하는 세대보다는 가을을 지나 겨울의 언저리를 서성거리는 분들에게서 더 뜨거운 호응을 얻는 것은 당연하기도 하다. 또 비슷한 처지에 놓였다 하더라도 시각과 감성에 따라 느낌은 다를 수 있다. 그것이 시의 속성이요 묘미이기도 하다.

이 시조는 수필을 공부하던 어느 동인들의 모임을 탈퇴하면서 회장 앞으로 보낸 고별사의 끝에 붙이기 위해 쓴 작품이다. 네 번째 시조집 『바람 따라 구만리』의 대표작이기도 하다.

몇 해 전의 일이다. 나는 너무도 큰 충격을 받았다.

3, 4개월 전까지도 모임에 나왔던 정 회장이 몸이 불편하다며 계속 보이질 않았다. 오지 말라고는 하나 안 갈 수도 없어 몇몇 회원이 병문안을 간다기에 나도 따라나섰다.

평소에도 병색이 있는 얼굴이긴 했으나 사람이 그렇게 갑자기 망가질 수가 있을까. 좁은 병실에 차례로 들어가 손을 잡고 자기 이름을 대며 알겠느냐고 물어댄다. 내 차례가 되어 손을 잡았으나 기가 막혔다. 마른 손, 노랑물이 든 피부, 그야말로 피골이 상접이니 차마 말을 건네기조차 애처로워 그만 나오고 말았다. 복도에서 서성거리다 돌아올 때는 다시 들어가 인사도 안하고 발걸음을 옮겼다.

사흘 후에 비보가 날아들었다. 차라리 병문을 안 갔더라면 옛 모습의 좋은 인상이라도 지닐 수 있었을 텐데…. 고인에게도 내게도 의미가 없는 문병이 아닌가싶었다.

－「노을이 더 짙기 전에」 중에서

그 엄청난 충격을 받고 쓴 시조가 바로 「겨울 나그네」다. 그런데 책을 받아 펼치면서 깜짝 놀랐다. 겨울 나그네가 제작과정에서 전혀 다른 모습으로 변신을 하고 말았으니. 기가 막힌다.

'서녘에 노을 짙어 지는 해 바빠지고'가 '저녁엔 노을 짙어지는 해 바빠지고'(초장)로, '고향 찾는 철새들 그 울음도 처량하니'가 '고향 찾는 참새들 그 울음도 처량하지'(중장)로, 바뀌고 보니 전혀 그 의미가 달라지고 말았다. 물론 같은 시조가 읽는 사람에 따라 감상이 달라질 수는 있다. 그러나 '서녘'과 '저녁', '철새'와 '참새', '노을 짙어 지는 해'와 '노을 짙어지는 해'는 너무도 다른 구상이니 어쩌랴. 처음부터 끝까지 면밀하게 검토를 하지 못한 것이 후회스러울 뿐이다.

'잘못된 책은 바꿔드립니다'라고 약속을 했는데, 바꿔드릴 길이 없지 않은가. 이 마당에 법적 책임을 따지자는 것도 아니다. 부질없는 짓이다. 가장 현명한 해결책이 무엇일까. 하루 빨리 완벽한 것을 다시 만드는 것이다.

나무는 겨울의 추위와 아픔을 참고 견뎌 내야 새봄이 오면 새싹을 틔우고 성장을 한다. 겨울 나그네도 어쩔 수 없이 이 추위를 참아내야 새봄의 기쁨을 맞이하고 성숙할 수 있지 싶다. 이 기회에 다른 부분도 모두 찾아 고치고, 쌓인 새 자료도 보충하여 새로 단장을 하자고 결정하니, 마음도 편하다. 보다 완숙한 과실도 얻는 셈이다. 결과적으로는 오히려 더 잘된 셈이라고 자위를 한다.

먼 훗날 따신 봄이 찾아올 것을 믿고 싶다. 작품의 평가는 독자들의 몫이니. 겨울 나그네는 힘겨워도 발걸음을 멈출 수는 없지 않은가.

들판 길 끝도 없고 팔다리는 천근만근
저녁노을 한껏 붉어 발걸음 재촉하니
길손은 마음 비우려 큰 한숨 토해내네.

–「길손의 한숨」

계단 오르기

TV채널을 돌리다 건강프로에 눈이 멈췄다. 체중을 감량하고 하체의 힘을 강화하는 비법을 알려준단다. 110㎏의 뚱보 여성이 5개월 만에 53㎏의 날씬한 몸매로 돌아왔으니 자랑할 만도 하다. 음식을 조절하여야 함은 당연하지만 중요한 것은 운동이다. 바쁜 일정에 체련장을 찾아가 땀을 흘려야만 한다는 것도 아니다. 아파트의 계단을 오르내리며 몸을 가꿀 수 있다니 믿어지지 않는다. 몸이 무겁고 무릎 관절이 약한 사람은 계단을 내려갈 때가 더 어렵다고 한다. 30층 계단을 올라가서 엘리베이터로 내려오기를 반복했다는 자랑이다.

좋은 일은 바로 실천하라는 격언이 지하철을 타다 문득 생각이 났다. 3호선의 고속버스터미널 역에서 7호선으로 바꿔 타고 내방역에서 내려야 한다. 에스컬레이터를 타려고 줄을 서 밀려가고 있는데, 나는 과감히 젊은이들의 뒤를 따라 계단으로 올랐다. 넘어지면 큰일이니 난간을 붙잡고 한 발 한 발 옮긴다. 2, 3층을 오르내리자니 숨이 차오르고 다리가 뻣뻣해진다. 숨을 몰아쉬며 참았다.

내방역에서 내려 마지막 계단을 오를 때다. 오른 쪽 무릎이 새큰하며 힘이 빠진다. 깜짝 놀라 멈췄다. 남들은 무릎이 시다 하지만 나는 무릎 걱정은 안했다. 등산을 해도 오를 때는 힘이 들어 뒤처졌지만 내려갈 때는 편해서 앞장을 섰었는데….

고속터미널역에서 갈아타려면 3백여 계단을 오르내려야 한다. 그리고 내방역에서 2백여 계단쯤 올랐을 때 무릎의 이상신호가 왔으니, 겁이 나서 더 오를 수가 없었다. 고관절이 불편한데 무릎까지 못쓰면 끝장이 아닐까. 겁에 질린 나 자신이 처량하기 이를 데 없다.

몸은 늙었어도 마음은 청춘이라지만, 자신의 몸의 상태를 알았다면 그에 맞게 처신해야 하지 않을까. 말로는 '칠부능선까지만'이라고 외쳐왔다. 등산을 한다고 꼭 정상을 정복하려는 욕심을 버리고 자연의 품에 안기어 자기 분수를 지키는 지혜를 찾자고 했다. 자연을 정복하겠다, 남이 하는 것을 모두 따라하겠다 한다면, 그것은 오만의 극치가 아닌가.

소크라테스가 남겼다는 경구, "네 자신을 알라"가 떠오른다. 그 말의 뜻이 그렇게 단순하고 쉬운 말이 아님을 새삼 절감한다. 나 자신의 현주소를 항상 되살펴보며, 교통약자를 위한 시설을 잘 이용하기로 자기변명을 한다.

조령모개(朝令暮改)란 말이 떠오른다. 나의 계단 오르기 결심은 저녁까지도 못가고 30분 만에 포기했으니, 한심한 작태인가 현명한 깨달음일까.

기적의 신호음

나는 평생 툭 하는 소리를 세 번이나 들었다. 그때마다 신기한 치유의 기적을 맛보니 이것을 어떻게 설명할 것인가? 동굴 속에서 어느 순간 득도를 했다는 구도자의 깨달음이나, 기도 중에 성령의 계시를 받았다는 종교인의 체험도 이런 것일까?

30대에 허리를 다쳐 오랫동안 고생한 일이 있었다. 생활이 안정되지 않아 이사를 참 많이 했다. 불광동 집에서 이삿짐을 꾸리던 날이다. 무거운 책상을 옮기다가 삐끗했는데 그 순간 주저앉고 말았다. 그 후 허리를 못 써 고난의 나날을 보냈다. 유명하다는 병원이나 한의원은 말할 것도 없고, 돌팔이 침쟁이까지도 찾아 다녔다.

승용차에 누워서 학회에 참석하려고 목포까지 갔던 기억이 새롭다. 마지막엔 추나요법을 권장하는 선배가 있어 찾아갔다. 그런데 1개월분 시술비를 한목에 선불로 받는다고 한다. 그때는 그 돈도 부담스러웠던 처지라 계속하지 못 하고 수영장에나 드나들었다.

어느 날 물속으로 머리를 집어넣는 순간 허리에서 '툭' 하는 느낌을 받았다. 기적이다. 그 이후 통증이 감쪽같이 사라졌으니. 그 후 나는 100퍼센트 완치했다고 자랑해왔다. 무거운 배낭을 메고 높은 산을 올랐으며, 오대양 육대주를 험로 찾아 누벼왔으니 허리에는 자신만만했다.

며칠 전이다. 반세기만에 다시 허리를 못 쓰게 되었다. 궁둥이 살이 전체가 아프더니, 누운 몸을 뒤척일 수도 일어날 수도 없으니 어쩌랴. 딸이 부축하고, 지팡이에 의지해서 발발 떨며 몸을 일으키고 허리를 펴지도 못하는 정도로 악화되었다. 날은 덥고, 운동은 해야겠고, 갈 곳은 시원한 체련장 밖에 없다. 트랙을 걷지도 못하고 거꾸리에 매달리니, 몸이 축 늘어지는 순간 또 '툭' 하는 소리가 전해온다. 깜짝 놀라 운동틀에서 내려와 보니 신기하게도 지팡이 없이도 발걸음을 옮길 수 있지 않은가. 머리도 곧게 세울 수 있다.

생각해보니, 시장 보러 따라갔다가 무거운 보따리를 간신히 들어 차에 싣고 집에 와 내린 것 밖에는 힘을 쓴 기억이 없다. 그때 척추 어느 부분이 어긋났다가 다시 제자리를 찾았다고 상식적인 설명을 할 수밖에 없다. 내가 망구의 할아범이 됐다는 엄연한 현실을 망각하고 무리한 행동을 일삼았으니…. 입으로는 '칠부 능선까지만' 오르기를 생활화하자고 외쳐댔지만, 내 몸을 아끼지 않은 오만의 벌을 받았으니 누구를 탓하랴.

그 다음날이다. 어쩐지 오른쪽 궁둥이는 약간 무겁고 불편하지 않은가. 집에 걸어가려면 해가 좀 기울어야 하겠는데 기다리는 시간이 너무 지루했다. 문득 아들이 사준 상품권 생각이 났다. 시간도 때우며 피로도 풀자고 오래간만에 전신 마사지를 받기로 했다. 엎어놓고 왼쪽 골반 부위를 누르는데 또 '툭' 한다.

"아이쿠, 소리가 나네!"

그러나 아프지 않고 편안하다. 세 번째의 기적을 체험하는 순간이다.

매주 금요일이면 내게 경락을 가르쳐주시는 해부학 박사님은 이 기적 같은 툭 소리의 원리를 어떻게 해명하실지 자못 궁금해진다.

시험 답안을 쓰자는 것도 아니니 상관없다. 나의 몸신이 베풀어주신 은총에 감사를 드린다. 이제는 대오각성하여 오기를 부리지 말자. 겸허하게 나의 현주소를 확인하고, 겨울 나그네의 실천 강령을 준수하기로 하련다.

절대로 무거운 것을 드는 우를 범하지 말자.

아무리 급해도 서두르지 않는 마음의 여유를 갖자.

쓰러지면 끝장이라니 항상 지팡이를 사랑하고 어깨를 편 곧은 자세로 뚜벅뚜벅 황소걸음으로 걷는다.

백세시대라는 남의 구호에 현혹되지 말며, 눈앞에 다가온 팔팔의 산마루나 잘 넘어가자고 다짐하면서 시조 한 수 남긴다.

'툭' 소리 한방이면 허리 통증 사라지니
한평생에 세 번이나 몸신의 큰 은총을
망구에 오기 버리고 뚜벅뚜벅 걸으리.
-「'툭' 하는 소리」

늦깎이 복학생

몇 해 전 법과대학총동창회의 신년하례식에 참석을 했다. 90대 중반의 대선배로부터 까마득한 후배까지 많은 동문들이 너른 회의장을 가득 채웠는데, 아는 얼굴은 거의 찾아볼 수가 없었다. 입구에서 서명을 하니 자그마한 기념품을 건네준다. 궁금해서 바로 열어보고 깜짝 놀랐다. 서울대학교 배지가 아닌가.

왜 하필 배지를 골라서 나누어주었을까. 차라리 실용성 있는 볼펜이라도 주었으면 잘 쓸 터인데….

이 신형 배지는 처음으로 만져보는 귀한 것이 아닌가. 우리가 이화동에서 교문을 드나들 때는 단과대학별로 달랐다. 옆으로 긴 네모의 흰 바탕에 法大란 두 글자가 박혀 있었다. 이제는 배지가 달린 교복을 회상이나 하며 사진에서나 찾아볼 수밖에 없다. 우리 함께 젊은 날의 추억에나 잠겨보자는 배려일까.

하기는 요새는 배지를 달 옷도 안 입는다. 캐주얼한 다운 잠

바 하나만 걸치면 가볍고 따시고 어느 곳에서나 불편을 안 느끼는데, 그 옷에 배지를 달면 꼴불견이 아닌가. 그러나 어쩌다 양복을 걸칠 때면 허전함을 느낄 때도 있다. 어디인가 소속감을 못 느끼니 할 일 없는 내 처지를 생각하게도 된다.

어떤 사람들은 누렁 배지를 달고 쌈질들만 하면서도 세비를 꼬박꼬박 축내며 거들먹거리는데…. 어쩌다 초라하지만 모자나 윗옷에 울긋불긋한 참전 유공자 배지를 단 노인을 만나면 반갑고 친근감마저 느낀다. 나도 6·25참전유공자증을 지니고 있으니…. 방배동 서초보훈회관을 드나들 때면 내 옷에도 그 배지라도 구해 달아볼까 하는 생각을 할 때도 있다. 숨겨진 5·18 유공자님들이 보면 코웃음을 치겠지만.

생각 끝에 내 양복의 왼쪽 가슴 부위에 용감하게 대학배지를 달았다. 늦깎이 복학생이라도 된 느낌이다. 그 어떤 배지보다도 품격이 높은 것이라고 스스로 자부하며, 나 나름의 의미를 부여해보니 마음마저 뿌듯해진다.

내가 반세기도 전에 대학을 졸업했는데, 박사인데, 명예교수인데 복학이라니…. 그러나 그런 허세는 오만의 극치가 아닌가. 내 머리는 낡았고, 몸은 어린이만도 못한 처지에 수능시험에 응할 수준도 아니지 않은가. 고성능 핸드폰도 활용하지 못하고 겨우 통화나 하고 문자나 주고받는 실력에 복학도 못할 형편이다.

대학에선 복학을 받아주지도 않을 것이니, 나 홀로 복학을 허가하는 것이다. 아날로그시대의 자격증은 일체 털어버리고 초심으로 돌아가자. 디지털시대의 대학생이 되어 새로운 지식과 기술을 받아들이려고 애써보자. 겸허하게 초심으로 돌아가 늦깎이 복학생임을 자부하는 것이 백세시대에 대처하려는 자의 현명한 생존전략이렷다.

또 허탕을 치다니

모임 장소에 들어섰으나 게시판에 '상자회'의 안내 표시가 안 보인다. 직원에게 물으니 내일 오후 6시로 예약이 되어 있다고 하지 않는가. 당혹스러웠다. 분명히 내 탁상 달력에 적어놓은 것을 확인하고 나왔는데…. 오늘 저녁밥은 밖에서 먹으니 준비하지 말라고 큰소리치며 나왔다. 손가락의 마디가 아파서 손이 불편한 아내는 나의 외식을 제일 반기기 때문이다.

한 달 전에 보내온 문자 메시지를 찾아보니 핸드폰에도 3월 15일(목) 6시로 찍혀 있다. 그러니 5자를 6자로 잘못 눌렀거나, 모임 날짜가 금요일로 연기되었는데 그 변경 통지를 안 해준 것이 틀림없겠다. 공적 업무를 그렇게 경솔하게 처리할 수 있을까. 내일 만나면 엄중히 꾸짖으리라 벼르며 돌아왔다.

다음날 아침이다. 16일 오전 10시부터 시작하는 중국어 강의 시간을 맞추느라 일찍부터 서둘렀다. 무거운 다리를 끌고 방배동의 서초구 보훈회관을 들어섰다. 강의실을 물으니 내일부터 개강이라고 하지 않는가. 온몸에 기운이 쭉 빠진다.

"금요일 10시에 개강한다고 했는데요?"

"그래요. 오늘이 목요일 아닌가요?"

아차! 오늘이 금요일인 줄로 착각을 했다. 어제의 허탕도 수요일을 목요일로 착각한 나의 잘못이었다. 임 부장 때문이 아니라 내 탓이다.

근자에 와서 날짜와 요일을 잘 기억하지 못하게 되었다. 내게는 매일이 휴일이니 날짜에 관심이 적어지기도 했지만 내 뇌에도 큰 변화가 오고 있음을 실감한다.

몇 해 전에 치매 예방을 위해 무료 검진을 받으라고 해서 찾아가니, 오늘이 며칠이며, 무슨 요일이냐고 묻기에 시시하게 별 것을 다 묻는다고 코웃음을 쳤었다. 수요일을 목요일로, 목요일을 금요일로 연속 착각의 실수를 하다니….

어느 사무실 벽에 걸린 달력에 매일매일 붉은 X가 늘어나는 것을 보고 비웃었지만, 나도 오늘부터 지워가야겠다. 소중한 하루를 무사히 넘긴 것을 확인하고, 내일도 허송 말고 열심히 살아가기로 다짐하면서.

문득 마음을 비우라고 했던 어느 스님의 충고가 생각난다. 마음은 비우지 못하고 머리가 비어지니 이 노릇을 어쩌랴.

말을 흘려들은 죄

내 아버지는 살아생전에 자그만 산을 사서 당신이 들어갈 묘까지 마련하셨다. 상수리나무를 가득 길러놓은 그 산을 내게 아낌없이 물려주셨다. 나는 그 산을 네 자식들에게 다시 물려주었으나 그 땅에 보태놓은 건 없지 않은가 하는 생각이 들었다.

생산성이 없는 숲으로 두는 것보다 밭으로 개간하여 무엇인가 먹거리를 생산하고, 땅값도 오르게 하는 것이 좋겠다는 생각에, 수십 년 자란 참나무를 베어 아들의 표고생산에 쓰고 봉우리 흙을 걷어내어 밭을 만들었다.

깡그리 잘려나갈 때 그 거목들은 무슨 말을 했을까? 눈을 부릅뜨고 소리쳤을 터인데 내가 듣지를 못했다. 그것을 듣고 고맙게 받아들일 마음의 귀가 열리지 않았고, 배려할 만한 마음의 문을 닫아걸고 있었으니 당연하다. 나무를 베어내고 숲을 밭으로 개간하면 후에 큰 재앙을 입을 것이라는 충고를 흘려버린 셈이다. 나는 큰 죄를 짓고 말았다. 그 무식하고 무자비한 폭거에 따르는 죗값을 받아 마땅하지 않은가.

나는 지금 폐에 이상이 발견되어 미세먼지를 피해 숲속을 찾아 자연인 생활을 해야 할 처지가 되었는데도 그 울창한 숲은 사라졌으니…. 후회막급이다.

가볍게 지나간 이번 '쁘라삐룬' 태풍의 영향으로 쏟아진 강우량은 이틀간 95㎜에 불과한데 산비알에 나무를 뽑고 설치했던 태양광 패널이 무너져 내렸다. 청도군 매전면의 야산에 설치했던 태양광 패널이 붕괴돼 흙더미 위에서 나뒹굴고 있는 사진을 보며 당국자들은 무슨 생각을 했을까. 아침 신문을 펴보는 순간 가슴이 아려온다. '그럼 그렇지, 올 게 왔구나!'

그들도 나와 같이 나무의 외침을 들을 수 없는 마음의 청각장애자이니 친환경 전력 생산을 한답시고 산을 깎고 나무를 베어내어 더 무서운 재앙을 맞게 되지나 않을지 걱정스럽다.

탈원전을 한다고 법석을 떠니 이를 어쩌랴. '현 정부는 탈원전 강행으로 이미 1조여 원의 혈세를 낭비했다. 무리한 탈원전 추진은 전기요금 상승과 산업 경쟁력저하, 수출과 일자리 감소로 이어져 피해가 더 커질 것'이라는 보도에 가슴이 답답해진다. "후쿠시마 원전 사고 후 '원전 제로(0)'를 선언했던 일본은 원전 재가동으로 유턴하고 있다."고 한다. 그들은 원전 비중을 10배로 늘리고 있다지 않은가. 우리는 산림을 얼마나 훼손해야 증가하는 전력 수요를 감당할 수 있을까. 눈을 감으면 베어낸

나무들의 원혼이 아우성을 치는 것만 같다.

숲이야말로 최적의 힐링, 최고의 웰빙을 제공하는 기쁨과 행복의 원천이다. 뒤늦게 '국립산림치유원'을 아무리 만들어도 자연을 진정으로 사랑하는 마음, 나무가 전하는 말을 새겨 들을 수 있는 아량이 없으면 우리의 앞날은 캄캄하리라.

사군자의 꿈

옛 선비들은 시(詩) 서(書) 화(畵)를 기본 덕목으로 익히고 품격 있는 멋을 부리며 삶을 즐기기도 했다. 나는 30대 초반 이화여대 법정대학에서 젊다는 이유로 서예반 지도교수를 맡아, 서예를 가르치던 송천 선생과 인연을 맺고 붓을 잡게 되었다. 그러나 붓을 잡는다고 글씨가 써지는 것은 아니다. 이런 저런 사정으로 그 꿈을 이루지 못했으니 끝내 오기오전(五起五顚)의 전과자만 된 꼴이 되었다. 그러다 문단에 발을 들여놓고 보니 사군자라도 그려보고 싶은 욕심이 다시 솟구쳤다.

청계 화백을 찾아가 네 시간의 수업료까지 내고 시도했으나, 그런 시도 자체가 가소로운 일이었다. 화백도 사군자 체본 한 장씩만을 그려주고 집에 가 그려보라니 어쩌랴. 그 후 포기하고 지내오다 이번에 다시 시작을 했다.

방배동의 아버지센터에서 마련한 문인화 프로그램에 딸과 함께 등록을 했다. 오전육기의 기치를 올린 셈이다. 구암 황영배 선생이 담당한 첫 시간의 열띤 분위기가 마음에 들었다.

유화나 수채화에서 구사하는 500가지 색채를 수묵화는 먹과 물만으로, 오로지 그 농담만으로 표현을 해야 하니 어렵고, 어려운 만큼이나 매력이 있으렷다.

수묵화야말로 먹물놀음이니 먹 가는 방법으로부터 시작이다. 힘을 빼고 갈아야 한다고. 3년을 병상에서 앓고 난 여인이 가는 듯 힘을 빼고 곱게 돌리란다.

붓을 완전히 비벼 풀어서 물그릇에 넣어 충분히 부드럽게 담그란다.

접시에서 붓털 전체를 연한 먹물(담묵, 淡墨)을 먹이고, 다음에 중간부분까지 중묵(重墨), 끝 부분에는 농묵(濃墨)을 고루 묻히되(三墨), 먹물의 양은 화선지에 찍어서 조절한다. 이렇게 조묵(調墨)을 잘하는 것이 가장 중요하다.

사묵(死墨)과 생묵(生墨)이 전혀 다르다는데, 나 같은 왕초보에게는 어렵게만 들린다. 생묵은 마른 뒤에 먹색에서 윤기가 돈다고 한다. 사묵의 원인은 여러 가지라고 한다. 먹이 안 갈렸거나, 물이 너무 많이 들어가 조묵이 잘 되지 않은 탓이다. 조묵이 안 되면 그림이 안 된다.

첫 시간에 사군자 중 난(蘭)부터 시작했다. 서서 붓을 잡되 항상 손이 붓끝보다 앞으로 나가야 하고, 붓은 역입(逆入)하여 장봉(藏鋒)을 이뤄 시작부터 끝가지 단필로 끝내야 한다.

첫 번 잎은 곧게 올라가 10시 방향으로 뻗친다. 두 번째 잎은 조금 왼쪽에서 솟구쳐 첫 번 잎과 엇갈려 지나며 9시 방향으로 꺾어 늘어트린다. 여기서 반월형의 봉안(鳳眼)이 그려진다. 세 번째 잎이 그 중간을 지나가면서 봉안을 깨거나 솟구쳐 봉안을 찌르면 곧 파봉안(破鳳安)이 된다.

아비 잎 솟구친데 어미 잎 엇갈리고
부드럽게 늘어져 반월을 이뤄내니
아들 잎 그 봉안 찔러 한결 더 멋스럽네.

－「파봉안(破鳳眼)」

그리고 어울리는 곳에 화제를 쓴다. 난토유향(蘭吐幽香) 정유년(丁酉年) 시월(十月). 첫날의 체본이 완성되었다.

깊고 깊은 산골짝에 올곧은 선비인가
바람결 풍기는 향 그윽하기 그지없어
뉘라서 그 높은 뜻을 따를 수가 있으랴.

－「난토유향(蘭吐幽香)」

선부터 긋기를 배워야 한다는데, 과연 꼬불꼬불 휘고 바로 뻗어가지를 않는다. 더 큰 문제는 단 10분도 서서 몸을 지탱하기가 어려우니 어찌하나. 앉아서 그리는 나 나름의 화법을 창안이라도 하는 수밖에 도리가 없겠다. '겨울 나그네'는 체력의 한계를 절감한다.

욕심을 버려야 하겠다. 우선은 눈으로 그리기를 하자. 안고수비(眼高手卑)라 했다. 안목부터 높여야 손이 따라가는 법, 난의 감상법부터 익히기에 만족하리라.

오늘은 난에 꽃을 피웠다. 꽃대와 꽃은 담묵을 쓴다. 꽃대는 직선은 안 되고 S라인이라야 아름답다. 붓 전체에 중묵(담묵)을 깔고 꽃봉의 농도는 붓을 떼는 시간으로 조정이 된다. 밑으로 내려가서 세 꽃잎이 활짝 벌어진 꽃을 피우고, 꽃술은 농묵으로 세 점(마음 심, 心)을 찍어 처리한다. 꽃을 꽃대에 붙이는 꼭지의 처리에 붓의 탄력이 가해져서 멋스럽다. 꽃대에도 군데군데 농묵으로 마디를 만들어준다.

화제를 생각해오라는 숙제가 있었는데, '난은 향으로 말한다'는 어떨까. 난을 곱게 피워 그 상큼한 향에 취해보는 멋은 선비의 올곧은 심성부터 갖춰야 즐길 수 있으리라. 유곡가인(幽谷佳人)을 만나려거든 선비의 덕목부터 갖추렷다.

품은 뜻 올곧아서 만고에 푸르르고
심성이 곱고 고아 천만리에 그 향기를
옛 선비 난치기 즐겨 그 품격을 높였네.

-「선비의 품격」

수묵화에 입문하여 배우는 첫 화법이 파봉안인데, 봉황의 눈을 상상하고, 그것을 찌르며 솟구치는 데서 감흥을 느꼈던 옛 선비들의 지혜와 멋에 새삼 찬탄을 금할 수 없다.

세월이 지난 후에는 백을 경영하여 흑을 감당한다는 계백 당묵(計白當墨) 화법을 익히게 된다고 한다. 세 개 난 잎이 파봉안을 만든다고 해석하는 것이 아니라 오히려 여백이 먹 선을 경영한다고 생각한다. 수묵화에서는 여백을 중요시한다는 뜻이리라. 여백의 넓이와 위치를 제대로 남기지 못하면 그림이 살아나지 못하니, 먹으로 그리는 선보다 여백이 더 중요하다는 사실을 깨닫게 되기까지는 좀 더 세월이 걸린단다.

백지가 넓다 하나 난 잎을 치기 전에
여백부터 잡아 놓고 붓끝을 옮기려니
마음을 비우지 않고 그릴 길이 없어라.

–「계백당묵(計白當墨)」

우산잡이 신세

나는 요새 '우산잡이'란 별명이 붙게 생겼다. 그동안 갖가지 우산을 많이도 모았다. 잃어버린 것도 헤아릴 수 없이 많고, 골프장에서 펼쳐들던 붉은색 줄무늬의 대형 우산, 집에서 사용하는 검정색 바탕의 일자형 재래식 우산은 거의 사용하지 않는 퇴물이 됐다. 지금도 소중하게 모시는 놈은 삼단으로 접는 우산이다. 접으면 주먹 안에 들어올 정도니 나들이 때면 비상용으로 짐 속에 항상 챙긴다. 이놈은 펼쳐도 너무 작아 머리만 비를 피할 정도니 동행자와 함께 쓸 수 없는 것이 흠이다. 그밖에도 문밖의 난간에는 서너 개의 우산이 항상 걸려있다. 갑자기 비를 만나 사 쓰고 온 흰색 비닐우산이니 아무나 필요할 때 사용하라는 비치용이다.

금년 들어서 새로운 우산이 또 하나 생겼다. 가벼운 플라스틱의 손잡이가 등산용 스틱같이 T자형이라 집기가 편하고, 우산대 길이도 허리까지 오니 지팡이의 대역을 할 수 있다. 누가 고안했는지, 지팡이에 우산의 옷을 입힌 꼴이니 참으로 편리하다. 하늘색 바탕의 천도 마음에 든다. 비록 싸구려 우산이긴 하나, 이 놈 없이는 외출도 할 수 없는 처지가 되었으니 늙마에 새로 만난 나의 반려자가 아닌가. 문밖으로 나갈 때는 언제나 챙겨야 하니 나의 분신같이 아끼는 전천후 무기라고나 할까.

나는 젊어서부터 지팡이를 좋아해서 여행지에서 이색적인 지팡이를 많이 수집하기도 했다. 그러나 가장 훌륭한 지팡이는 우리의 선인들이 애용해온 청려장이다. 가볍고 단단하고 잡기가 편하기로 이만한 것이 없다. 자랑할 만한 세계적 명품 지팡이렷다. 그런데 두 개나 되는 청려장도 요새는 찬밥신세가 된 꼴이다. 싸구려 플라스틱 우산에 주인의 사랑을 빼앗긴 셈이니.

해가 가고 달이 갈수록 다리가 천근만근 무거워져서 지팡이 없이는 거동을 못한다. 그렇다고 한손에 지팡이, 다른 손에 우산을 잡을 수도 없으니 어쩌랴. 도리 없이 우산만을 택하는 수밖에 없다.

때 없이 비가 쏟아지다 따가운 햇볕까지 내리쪼이는 요즘의 날씨다. 비를 만나면 당연히 우산 본연의 역할을 한다. 그러나 비가 그치고 흐린 날씨가 되면 접어서 가벼운 지팡이로 변신하기 마련이다. 햇볕 쬐는 맑은 날씨가 되면 펼쳐서 다시 양산으로 변신한다.

쾌청한 날씨를 싫어할 사람이 있을까만, 나는 두려워한다. 금년 봄이다. 폐섬유화증이란 질환으로 일 년에 한 번씩 정기검사를 받아온 호흡기내과에서 검사기간을 6개월로 단축하더니, 내시경 검사까지 하자고 한다. 첫 번의 내시경검사는 미리 입원한 후 수면상태에서 시술을 하여 전혀 괴로움을 못 느꼈지만, 두 번째의 조직검사는 목구멍의 부분마취만 한 상태로 하여 참으로 힘들었다. 불과 몇 분이기는 했지만 다리가 팔딱팔딱 뛸 정도의 아픔을 겪어야 했다. 더 괴로운 것은 조직검사의 결과를 기다리는 일이었다. 다음날이면 알 수 있을 것을 주치의의 일정에 따라 1개월 이상을 불안한 시간을 보내야 하다니….

드디어 결과를 확인하는 날이 돌아왔다. 공포의 암은 아니라는 판정을 받고 한숨을 돌렸다. 그렇다고 섬유화증의 걱정까지 해소된 것은 아니니, 정량의 투약을 해야 한다. 그런데 웬걸! 약을 먹으니 식욕이 없어지고 다리에 힘이 쭉 빠진다. 식욕의 감퇴도 괴롭지만, 더 어려운 것은 햇볕에 노출하지 말고 항상 선크림을 바르라는 주문이다. 나는 평생 얼굴에 무엇을 바르지 않고 살아왔는데 그 습관을 고치기가 쉽지 않다. 그래서 맑은 날엔 선크림 대신 우산을 펴드는 쪽으로 타협을 하게 되었다.

결국은 부작용 때문에 약도 못 먹고, 악화하기만 할 뿐 회복도 할 수 없는 병이라니 미세먼지나 주의하면서 숨이 붙어 있는 날까지 살다 가는 수밖에 없지 않은가. 이제 우산 없이는 꼼짝 못 한다. 비가 오면 펴서 우산으로 쓰고, 구름만 끼거나 날이 개이면 접어서 지팡이로 짚어야 하는 신세로 전락하고 말았다. 어쩔 수 없이 우산에 매어달려 버틸 수 있는 데까지 가 보자는 것이 유일한 생존전략이 되었으니, 처량하지만 어쩌랴. 졸시 '우산잡이 신세'가 떠오른다.

다리는 천근만근 숨은 가빠 턱에 닿고
허파를 다스리려 끼니마다 먹는 약에
가슴 속 타는 불길은 잡을 길이 없어라.

비오면 비 가리개 볕이 나면 해 가리개
날 흐리면 양산 접어 지팡이로 짚으니
나는야 어쩔 수 없는 우산잡이 할아범.

이팝나무 사랑

작년 봄이다. 건강관리를 위해서 공기 좋은 시골에 가서 조용히 살고 싶었다. 어찌 산청에 내려가 노후를 보낸 남명 조식 선생의 삶을 따를 수 있을까만, 나도 고향에 내려가 자그만 농막 한 채 지어 놓고 선비 연(然) 흉내라도 내보자는 심산이었다.

남명의 오두막에는 고색이 창연한 산천재(山天齋) 현판이 걸려 있고, 앞뜰에는 매화 고목 한 그루가 선비의 멋스러운 삶을 증언이라도 하는 양 길손에게 속삭여준다. 나의 송암 시대를 상징하는 뜻에서 송암재(松巖齋) 현판을 걸기로 하고, 매화 대신 이팝나무를 심기로 했다. 건축공사를 시작하기도 전에 기념 수부터 심자.

묘목시장에 들러 1미터쯤 되는 이팝나무를 골라 담장이 세워질 자리의 안쪽 구석에다 정성 들여 심어놓았다. 한 해라도 빨리 꽃을 피워주길 기대하면서.

올봄에도 개나리, 목련이 피기 시작하는가 싶더니 경쟁이라도 하듯 온갖 풀꽃들이 신비로운 모습을 드러냈다. 꽃멀미에 취할 듯했건만, 봄나들이 한번 가기도 전에 모두 지고 말아 아쉬웠다. 그래도 그 화사한 꽃잎이 사라진 자리를 새잎이 맡아주니 또다시 연초록에 마음이 달뜨게 된다. 어찌 보면 연초록의 바다가 더 싱그럽고 아름답다.

그러나 5월에서 6월로 넘어갈 무렵 짙어지는 푸른 잎을 뒤덮고 쌓이는 백설의 이팝나무 꽃을 보면 내 가슴은 마냥 부푼다. 보릿고개를 넘기기 힘들 때 흰 꽃을 바라보며 이밥이 연상되어 이팝나무 꽃으로 불려졌다지만, 서양에서는 쌀밥보다는 소복이 쌓인 흰 눈으로 보여 눈꽃(Snow flower)이라고 한단다.

그 눈꽃을 즐기는 것은 나만은 아니리라. 언젠가 서울에서도 이팝나무 1가구 1주 심기 운동을 벌였다. 가로수로도 많이 심겨있고, 지역에 따라서는 천연기념물로 지정되거나 보호수로 가꾸기도 한다. 많이 심을 터가 없으니 나는 뜰에 한 그루만이라도 심고 싶었다.

몇 달 후 공사가 시작되어 들러보니 뜰은 건축자재의 하치장이 되고 말았다. 깜짝 놀라 이팝나무를 찾아보니, 옆으로 기울어져 가는 가지가 끝만 보인다. 뿌리만 내렸으면 반쯤 잘라낼 수도 있으니 걱정을 안 했다. 그런데 겨울이 되어 내려갔을 때

보니 누군가 뽑아 놓은 것이 아닌가. 가슴 아프나 어쩌랴. 다행히 그동안에 흙이 엉겨 뿌리는 드러나지 않았다. 추위만 견뎌주면 새봄에는 더 나은 자리에 옮겨 주리라 생각했는데….

땅이 녹자 그 나무부터 옮겨 주었다. 새잎이 돋아나나 갈 때마다 들여다보지만 윤기가 없다. 걱정이 되어 윗가지부터 꺾어보니 나무 전체가 말라버렸다. 가엾다. 땅속에서는 얼었어도 지열이 통해 월동을 하지만 지상에 노출되어 동사를 했으니 도리가 없다.

준공 후에 심을 걸 무엇이 그리 성급해 못할 짓을 저지르고 말았으니, 꽃만 탐했지 이팝나무를 사랑한 것이 아니었구나. 태어난 지 몇 해 되지도 않은 어린 나무를 고사시키는데 일조를 한 꼴이다. 나 혼자 소유하고 감상하겠다고 들꽃을 파다 심고 죽이기를 수없이 거듭해왔건만 아직도 자연 사랑의 이치를 깨우치지 못했으니….

새봄에는 더 튼실한 놈을 심어 횡사한 너의 자리를 잇게 해주마. 너의 넋을 위로하며 시조 한 수 남긴다.

온갖 봄꽃 다 지고 신록마저 짙어 가면
푸른 잎 시샘하나 눈꽃으로 뒤덮으니
그 누가 노래를 했나 큰 풍년이 들리라.

－「초여름의 이팝나무」

춤 명상도 있네

조간신문을 펼쳐보고 깜짝 놀랐다. 명상이 우리들의 생활 주변에 깊숙이 파고 들었음을 실감한다. 삼성전자나 LG디스플레이와 같은 대기업에서도 명상을 하면서 지친 몸과 마음을 추스르고 재충전할 수 있는 힐링센터를 임직원들을 위해 마련하고 있다. 카이스트는 대학 최초로 명상과학연구소를 열었다. 도심 곳곳에도 명상, 요가센터가 등장했다니 미국의 금융 중심지인 월스트리트와 첨단산업 중심지인 실리콘밸리를 강타한 명상 열풍이 우리나라에도 빠르게 확산하고 있다. 이제 명상은 도를 닦는 구도자의 전유물이 아니다. 힘겨운 세상살이에 시달리는 사람들의 정신건강을 돕는 생활명상으로 보급되고 있다.

얼마 전에 '아침 편지'로 널리 알려진 고도원님의 꿈을 펼친 명상센터인 '깊은 산속 옹달샘'을 찾아 1일 명상프로그램을 체험했다.

오전에는 '용서의 길'을 걸으며 걷기명상을 했고, 오후에는 통나무명상, 향기명상을, 마지막 프로그램으로 춤 명상을 했다. 어느 프로그램이나 따라 하기에 별 어려움은 없었지만, 춤 명상만은 참으로 난감했다.

나는 음악과 거리가 먼 별난 사람이다. 음치니 노래를 못하는 것은 말할 것도 없고, 듣는 것도 마찬가지다. 클래식 음악에 심취할 줄도 모른다. 보내온 영상물이나 유튜브 메시지에서도 배경음악이 깔려있으면 산만하다고 꺼버리고 만다. 평생 이미자의 '섬마을 선생님'이나 따라서 흥얼거리는 수준이니 불쌍한 사람으로 스스로 치부한다.

음악에 젬병이니 춤도 당연히 거리가 멀다. 최근에는 몸의 균형도 잡기가 어려워 지팡이 신세를 지는 처지인데 음악에 맞춰 겅중겅중 뛰거나 흔들어대야 한다니….

넓은 강당에 많은 사람이 모였다. 각자 넉넉한 공간을 확보하며 일어서니 조명이 흐려진다. 눈까지 감고 흐르는 음률에 마음을 집중하니 주위 사람의 동작이나 시선을 잊게 된다. 단상에서 안내하는 지도자가 전문가답게 잘 유도한다. 무릎을 굽혀 들어 올려라. 다리를 좌우로 옮겨보라. 팔을 들어 흔들어라. 엉덩이를 빼고 원을 그리자. 설명에 따라 가지가지 동작을 연결하다 보니 나도 눈을 감고 온몸으로 지휘를 한다. 어느 결에 춤꾼이 된 셈이다. 바람에 흔들리는 나무같이 가락에 마음과 몸을 내맡

졌다.

어떤 사람은 명상을 하면서 많은 눈물을 쏟아내기도 하고, 돌아가신 어머니의 음성을 듣기도 했단다. 나는 그런 경지에까지 빠져들 수가 없으니 감성이 무디어진 탓일까. 그래도 모처럼의 체험이니 조용히 내 몸이 겪어온 과거를 되돌아보며 내 마음의 속을 깊이 더듬어본다. 온갖 불만과 아픈 사연들 다 털어버린다. 마음이 후련해지고 몸도 가벼워진 듯하다. 제자리에서 흔들거리며 음률 따라 내 마음 속을 찾아들어도 나 나름의 명상이 아닌가.

명상은 삶의 지혜요 방법이다. 명상센터를 찾아가야만 하는 것도 아니고, 특별한 행동이나 동작을 행해야 하는 것은 더더욱 아니다. 매일 매일의 일상생활 속에서 스스로 살피고 찾아내는 마음의 옹달샘이렷다.

N분의 1의 민낯

지나온 삶을 되돌아보니 많은 사람들과의 만남과 헤어짐의 연속이었다. 혈기가 왕성한 때에는 행동반경도 넓어 수없이 많은 단체나 모임에 참여하며 정신없이 바쁜 나날을 보냈다. 그러나 세월에 따라 자연스레 밀려나기도 하고 스스로 정리를 하게 되었다.

산수의 고개를 넘어 몸도 무거워지고 마음도 흐트러지니 도리 없이 홀로족의 길을 찾게 된다. 며칠 전에 수십 년을 이어온 고등학교 동기생들의 모임을 청산하고 말았다. 회장을 맡겠다는 사람도 없고, 다달이 참석자의 수도 줄어들었다. 기금을 모아놓은 것도 쓸 곳이 없어 회비도 안 내고 공짜 밥을 먹고 놀다 헤어지곤 했다. 그런데 사리에 밝은 일부 회원들로부터 동창회의 청산론이 제기되었다.

명부상으로는 수십 명이지만 외국에 사는 친구, 몇 년째 병상에서 헤어나지 못하는 친구들이 있는데, 나머지 사람만 모여서 기금을 쓰며 즐긴다는 것은 도리가 아니니, 기금을 회원 수로 나누어 각자의 몫을 돌려주고, 만나는 사람들은 그때그때 비용을 거두자는 제안이다.

그러나 대부분의 모임은 구성원이 고르지 않으니 모아진 기금이 문제가 될 수 있고, 그 몫(N분의 1)의 산정과 처리가 분명해지지 않을 수도 있다.

몇 해 전에 오우문학회를 스스로 탈퇴한 일이 있다. 전임 정회장이 몇 달 동안 안 나왔는데 입원을 했다는 소식을 듣고, 회원들이 함께 문병을 갔다. 차례로 들어가 만나는데 나는 말 한마디 건네지 못하고 나왔다. 엄청난 충격이었다. 피골이 상접하고 의식이 없으니 어찌 그럴 수가 있으랴. 삼일 후에 비보를 받았다. 차라리 병문안을 안 갔더라면 옛 모습이라도 오래오래 지닐 수 있었을 걸….

나는 생각 끝에 결단을 내렸다. 나도 그런 모습을 문우들에게 보여주고 싶지 않고, 병문안마저도 오지 않도록 배려를 하고 싶었다. 졸시 「겨울 나그네」를 지어 고별사(告別辭)로 회장에게 보내고 탈퇴를 단행했다.

서녘에 노을 질어
지는 해 바빠지고
고향 찾는 철새들 그 울음도 처량하니

나도야 저물기 전에 봇짐 쌀까 하노라.

그 당시 회의 기금이 얼마나 있었는지도 모르거니와 내 몫을 찾을 생각은 추호도 없었다. 내 마음이 편하고자 결행한 자구책이었으니.

지금은 매월 모이는 S모임만을 유지하고 있다. 얼마 전에 또 충격적인 일이 일어났다. N분의 1을 내고 후에 입회한 회원이 갑자기 부군의 상을 당했으니 황망하기 이를 데 없다. 나는 거동이 불편해 문상도 못 갔지만 회장이 문상을 하고 회의 이름으로 조의를 전달했다고 들었다.

그런데 그 후 또 충격적인 비보를 전해 들었다. 처음부터 참여했으나 스스로 탈회했던 K씨가 불의의 사고를 당했다. 그동안 정이 깊이 들은 회원들의 슬픔과 충격이야 말하면 무엇 하랴. 그러나 상세한 명문 회칙이 없다보니 뜻하지 않은 논쟁이 벌어지고 말았다.

과거에 기여한 그분의 몫이 있으니 회의 명의로 조의를 표할 수도 있겠다는 온정론과 정리를 생각해서 회원으로 간주할 수 있지 않으냐는 당위론과 탈퇴를 했으니 개인적으로 조의를 표할 일이지 회의 명의로 할 수는 없지 않으냐는 회장의 이성적인 판단이 격론을 이끌어냈다.

회원이냐 아니냐의 사실관계의 판단에는 인정도 간주도 용납이 될 수가 없으니 냉철한 처리가 요구된다고 본다. 앞으로도 계속 벌어질 수 있는 상황이니 'N분의 1'의 의미를 다시 한 번 돌아보고 사전 조율을 해둘 필요가 있겠다.

삼가 고인의 명복을 빌며, 「겨울 나그네」의 졸시를 다시 되새겨본다.

'N분의 1'이라면 고소(苦笑)를 금할 수 없는 또 다른 모임을 떠올리지 않을 수 없다. 나는 작은 집(차남)에 태어나 성인이 된 후에도 학문의 길에 전념하다보니 종중의 일에 관심을 갖지 못했다. 광평대군의 자손이라지만 자랑스러운 세종대왕을 위해 한 일이 별로 없으니 항상 마음의 빚을 걸머지고 살아온 셈이다.

정년퇴임을 하고 마음의 여유가 생겼을 어느 해의 일이다. 세종대왕의 후손으로서 사회에서 명망이 있는 분들의 모임으로 '세종회'가 있는데, 나도 참가해달라는 권유를 받았다. 모인 기금이 꽤 많은데 'N분의 1'에 해당하는 몫을 내고 들어오라는 것이다. 그 당시의 지분으로 2백여만 원을 냈다. 명분론에 이끌려 'N분의 1'이라는 덫에 걸려든 셈이다. 후에 보니 무임승차를 하는 회원도 있지 않은가. 뿐만 아니라 매년 지분은 늘어나는 구조인데, 회원이 사망하거나 자의든 타의든 탈퇴하는 경우에는 그 지분이 반환되는 일은 없지 않은가. 이러한 관행이라면 결국은 젊고 건강한 회원이 횡재를 하게 마련인 묘한 모임이다.

마침 수서지역의 재산 처분문제로 종단에 분규가 일어난 때였다. 세종회가 중심이 되어 종단의 비리를 막고 적폐청산에 앞장서서 개혁을 하자고 몇 달 동안을 동분서주하며 심혈을 기울였다. 그러나 '파탄세력'이란 비난만 받고, 끝내 좌절의 쓴잔을 맛보고 말았다. 숭조돈종(崇祖惇宗)의 기치는 허울 좋은 명분일 뿐이다. 공짜로 물려받은 종재는 눈먼 재물이니 먹는 사람이 임자라는 일그러진 생각에 찌들어 있으니 어쩌랴. 구정물 항아리에 맑은 샘물을 한두 바가지 부어 봐도 의미가 없다. 문득 그때 지은 졸시 「숭조돈종의 길」이 떠오른다.

주먹으로 가로막고 편들러 숨어들어
방망이 땅땅 치고 뒷문으로 달아나면
뉘라서 그 꼼수 결의 잘했다 칭송하랴.

제사만 숭조이고 패싸움이 돈종인가
어르신 바로 골라 새바람 일으켜야
그 집안 살림살이가 만세에 번창하리.

그 후에도 세종회는 거창한 목표를 설정하고 모임을 계속하고 있으나, 명맥을 이어가기 위한 명분일 뿐이다. 'N분의 1'이란 허상은 잊어버리고 내 마음이나 비우기로 했다.

그가 동기동창생이라니

남북의 정상이 극적으로 만나면서 세계의 눈은 판문점으로 쏠렸고, 온 국민이 화해무드에 들떴다. 이산가족의 상봉을 하루라도 빨리 하자고 서두른다. 얼싸안고 오열하던 가족들의 감격스러운 장면이 눈에 선하다. 사정은 다르지만 얼마 전에 서로 모르고 살아온 가족을 수십 년 만에 경찰이 찾아주었다는 가슴 따뜻한 뉴스도 떠오른다. 나는 오늘 66년 만에 동기동창을 찾았으니 그 감회가 새롭다.

윤재천 선생으로부터 두 번째로 전화를 받았다. 몇 해 전에 『그림 속 아포리즘 수필』을 엮는다고 수필 한 편 보내달라는 전화를 받은 적이 있고, 오늘은 자기의 미수기념문집을 준비하는데 짧은 글 한 편 써달라는 청탁이다. 자유로운 소재의 수필이 아니라, 자기에 관한 글을 써달라니 당혹스럽기마저 해 주저하다가, 적당한 글이 써지면 보내드리겠다는 반승낙을 하고 말았다.

운정 윤재천 선생의 발자취와 업적은 화려하기 이를 데 없다. 오늘의 수필학을 일궈낸 공로자요 수필문학계의 산 증인이다. 한마디로 수필 왕국의 황제다. 2005년 8월에 얼결에 수필문단에 발을 들여놓게 된 늦깎이로서는 황제님 앞에 접근조차 주저된다. 연배는 비슷하다지만 친구가 아니고 존경과 선망의 대상이니 항상 조심스러웠다. 그런 처지에 인물평이란 당치도 않기 때문이다.

전화를 끊고 나니 문득 지난 일이 생각난다. '이때다' 하고 용기를 내어 바로 전화를 걸었다.

사실은 윤 선생을 처음 만난 순간부터 궁금증이 생겼다. 알아보니 중앙대학 출신에 국문학을 전공해 수필로 한평생을 보낸 분이니 나와는 거리가 너무도 먼데, 자꾸 젊은 날의 어느 얼굴이 연상되니 말이다.

나는 사변 직후 수원농대 캠퍼스를 드나들며 일 년 반의 대학생활을 했다. 그 당시 만나던 친구들은 이름도 얼굴 모습도 다 잊어버렸다. 다만 한 사람, 그의 얼굴이 어렴풋이 어른거릴 뿐이다. 덩치가 크고 얼굴도 희멀겋게 기름해서, '그 녀석 잘도 생겼다'고 속으로 부러워했던 학생이다.

"윤 선생님, 실례지만, 혹시 수원에서 전시연합대학에 다닌 일이 있으세요?"

"아뇨, 중등교원양성소를 다녔죠. 1952년도에."

"아! 그러세요? 나도 거기를 다녔는데…."

집에 들어와 이력서를 찾아보니 나도 1952년에 입학을 한 것이 분명하지 않은가.

윤 선생은 일 년을 다니고 다음해 중앙대학에 2학년으로 편입을 했고, 나는 일 년 동안 재수 준비에 몰두하여 다음해 서울법대 일학년에 입학을 했다. 그때 마침 전시연합대학이 생겨, 나는 부산으로 내려가지 않고 수원에서 한 학기를 더 보내고 2학기부터 수복한 이화동의 법대 캠퍼스에서 공부를 했다.

내가 부러워하던 그 학생이 바로 윤재천인 줄 진작 알았더라면, 스스럼없이 접근하며 수필공부도 잘했을 걸…. 만시지탄이다.

따져보니 대조적이다. 윤 교수는 이웃 군(郡)인 안성의 명문 농업학교를 다녔지만 나는 여주군에 처음으로 설립된 여주농업중학교에서 엉터리 공부를 했다. 신제 고등학교가 생기면서 같은 해에 농고 제1회 졸업생이 되었다. 나는 1933년 4월생인데, 그는 1932년 4월생이라 내년의 미수 준비에 바쁘다. 우리는 같은 해에 중등교원양성소를 중퇴했건만, 윤 교수는 문학의 길을 걸어 문하에 기라성 같은 수필계의 거목들이 그득한데, 법학자가 된 나는 뒤늦게 외도를 하느라 힘겹고 초라하기 이를 데 없다.

나는 매사에 한 발 뒤지는 셈이니 뒤따라 흉내를 내야할 미수 잔치도 벌써부터 걱정이다. 제자들의 협조를 얻어 자그마한 기념문집이라도 한권 엮어보았으면 하는 꿈을 꾸어본다.

천하의 윤재천이 내 동창생이라 생각하면 절로 어깨가 으쓱해지기도 하지만 수필 쓰기야 결국 내 몫이 아닌가. 나는 건강 상태마저 비교가 안 되게 나쁘니 조심조심 운정을 뒤따라가며 수필 공부를 더 열심히 하자고 다짐해본다. 좋은 수필을 한 편 남기고 싶다면 노욕일까.

수필학에 수필의 날 눈부신 발자국들
수필 쓰기 반백년에 황제로 등극한 님
팔 팔에 팔팔하시니 구구 팔팔 하소서.

그런 여인 같은 수필

나는 여자를 참 좋아하는 늦깎이 문인이다. 얼굴이 예쁘고 다소곳한 여인이면 금상첨화라고 할까. 한평생을 육법전서와 씨름하다 정년이란 명목으로 법과대학에서 쫓겨난 지 수년이 지나서야 수필을 쓴답시고 덤벼든 초짜수필가임을 실토한다.

수필학을 배워보지 못했는데 '수필 쓰기'를 말하자니 나 자신이 가소롭기 짝이 없다. 그러나 수필계의 거목인 운정 윤 회장의 원고 청탁을 마다할 길 없어 법률답안 쓰는 요령을 원용해서 숙제의 굴레를 벗어볼까 한다.

나는 법학도에게 강조하기를 간결하게 쓰라고 했다. 쉼표 하나 없이 몇 줄을 이어가는 문장은 숨이 막혀 읽을 수가 없다. 멋지게 표현하려는 욕심에서 현란한 수식어를 줄줄이 나열하다 보면 문장이 꼬이는 덫에 걸리기 쉽다. 문장은 짧을수록 쓰기도 쉽고 읽기도 편하다.

짧은 문장을 쓰더라도 문단의 구획이 적절해야 하지 않을까. 단문을 수없이 모아 반 페이지를 차지할 정도로 길게 묶어 놓으면, 그 문단에서 무엇을 표현하려는지 파악하기조차 힘들어지니 말이다. 그렇다고 한두 줄을 써놓고 줄을 바꾸는 것은 원고지 장수를 늘리는 데는 도움이 될지언정 글 전체의 흐름을 이해하기가 더욱 어려워진다. 수없이 줄을 바꿔가는 '늘리기 식 꼼수'는 절대 금기사항이다.

어찌하면 술술 읽혀지는 글을 쓸 수 있을까. 내 글을 읽어줄 독자의 처지로 돌아가 생각해보면 정답이 나올 듯싶다.

나는 아직도 법률논문 쓰던 투를 벗어나지 못해 애를 태운다. 정확한 사실에 입각해야 하고, 내 생각의 객관성과 보편성을 담보하려고 다른 사람의 말과 글을 들어 입증해야 한다. 그러니 논문에서는 정확한 각주가 생명이다.

수필은 주관적인 창작품이지 객관적인 기사가 아니다. 객관적인 사실의 묘사나 그 입증에 너무 마음을 쓸 필요는 없지 않을까. 그렇다고 타인이 공감할 수 없는 헛소리를 할 수는 없다. 남이 보지 못하고 느끼지 못한 점을 찾아내서 독자가 머리를 끄덕이고 공감하도록 내 품안으로 끌어들이면 된다. 나만이 착안할 수 있고, 나만이 표현할 수 있는 개성 있는 글이라면 독자의 눈을 쉽게 붙잡아 놓을 수 있을 것이다.

나는 나올 데 나오고, 들어갈 데 들어간 여자를 좋아한다. 'S 라인'이라고 하던가. 거리에 나가보면 아래위가 평평한 뚱보 여인이 해를 거듭할수록 많이 눈에 띄어 나를 우울하게 한다. 허리가 굽지도 않았고, 곧은 몸매에 탄력 있는 다리로 사뿐사뿐 발걸음을 옮기는 여인을 만나면 아직도 내 가슴은 벌렁거린다. 그런 여인 같은 수필을 쓰고 싶다.

기쁨은 나누랬다

나는 서예가를 존경한다. 서예라는 예술이 이삼 년 배워서 제대로 써지는 분야가 아니다. 평생 쓰겠다는 마음으로 끊임없이 미련하게 먹물과 싸워야 한다. 그러니 전시된 서예작품을 대하면 한 획 한 획을 가볍게 스쳐갈 수가 없고, 그 경지에 이른 작가의 노력과 끈기에 경의와 찬탄을 보내지 않을 수 없다.

이화여자대학교 법정대학에 전임강사 발령을 받고 보니 내가 제일 젊은 교수였다. 젊다는 이유로 농촌계몽대, 등산부, 서예반의 지도교수를 떠맡았다. 도리 없이 학생들과 함께 붓을 잡게 되었다. 그때 실기 지도를 하러 출강했던 송천 서예가와 인연을 맺게 되어 평생을 이어오고 있으나, 나는 법학에 매달리다 보니 송천은 서예계의 거목이 되었는데 내 글씨는 제자리걸음을 하고 있다. 그동안 오기오전(五起五顚)을 한 셈이니 그 한(恨)만큼이나 서예가를 부러워하고 좋아한다.

지난 오월에 송천서실의 원로 회원인 모인당(慕仁堂)이 처음으로 개인전을 한다는 기쁜 소식을 듣고 달려갔다. 전시장에 발을 들여놓는 순간 깜짝 놀랐다. 이리저리 꺾인 벽면에 수십 점의 작품이 빼곡히 걸렸다. 다양한 서체의 대작뿐만 아니라 문인화 작품까지 그득하지 않은가. 대단하다.

딸과 함께 사군자를 배우러 다니고 있는데, 딸에게 보내주겠다는 속셈으로 매화 한 점에 딱지를 붙였다. 집에 돌아와 밤잠을 설치며 축시를 지었다. 화분 하나를 배달시키고 말 처지가 아니라 생각해서다.

서화잔치
- 모인당의 개인전에 부쳐

먹물 놀음 사십 년에 처음 차린 큰 잔치
사임당과 모인당 어디인가 닮았거니
장하다 불타는 열정 내 마음을 달구네.

온갖 모양 글씨들 날렵하고 듬직해
홍매화 모셔오면 고향집도 그립거니
풍기는 그윽한 향에 묵은 시름 잊으리.

계좌번호를 알려달라니, 고맙다 하며 축시까지 써주었는데 10만원 빼어준다 하지 않는가. 인사도 차릴 겸 기쁨을 함께 나누자 한 노릇이 원고료까지 받은 셈이 되었다.

어제 모인당이 저녁에 초대를 했다. 사정이 있어 늦기는 했지만 염려해주신 회원들을 대접하고 싶다고. 즐거운 자리라고 나갔는데, 나에게는 특별히 선물을 건네주는 게 아닌가.

설레는 마음을 안고 집에 돌아와 펼쳐보니 멋진 작품이다. 고급 합죽선에 내가 써준 축시를 자기 글씨체로 재생을 했으니 기쁨을 공유하는 해암과 모인당의 합작 예술작품으로 환생해 돌아왔다. 나는 이 기쁨을 다시 나누려 딸에게 주었더니 매화 그림과 나란히 걸어놓고 즐거워한다.

괴로움은 나누면 반으로 줄고 기쁨은 나누면 배로 커진다고 하지 않았던가. 조금만 마음을 열고 정을 나누면 기쁨과 행복은 두 배 세 배로 늘어남을 실감한다. 박 교수에게 고희 때 보내준 축시와 요새 중국어를 가르쳐주는 김 선생에게 준 「고마운 님」이란 시조도 기왕이면 나도 합죽선에 써넣어 유형의 미술작품으로 만들어 다시 주어야겠다는 생각이 든다.

회명의 고희잔치에

강원 땅 산골짝에 작디작은 별 하나
이제는 서울이랑 먼 곳까지 밝혀주니
그 빛깔 부시지 말라 회명이라 했다나.

외길 달려 평생 쌓은 학덕을 기리려
후학들 마다 않고 붉은 정성 모았으니

그 글들 날이 갈수록 길이길이 빛나리.

고희는 시작이라 만년청년 박 교수님
활력도 그득하고 끈기마저 지긋하여
백발에 홍안이라니 한 백 년 살고지고.

고마운 님

머나 먼 땅 넘나들며 익혀온 말솜씨에
칭찐 칭찐 반겨주는 천사표의 라오슈
목소리 맑고 예뻐서 눈 돌릴 수 없어라.

십여 성상 쌓은 내공 종횡 무진 달리며
쉽게 쉽게 풀어주는 그님의 명품 강의
그 열정 한량(限量)이 없어 내 가슴을 달구네.

두 바퀴에 몸을 싣고 마후라 휘날리며
목마른 쉐셩 위해 구석구석 찾아주니
그 명성 날로 높아져 멀리멀리 퍼지리.

동문회장의 이취임식에 즈음하여

자랑스러운 동문 여러분, 반갑습니다. 닭의 해를 일곱 번째 맞이하는 저로서는 그 어느 모임 때보다도 감회가 새롭습니다. 그동안 여러 가지 어려움을 무릅쓰고 동문회를 이끌어온 길용태 회장의 노고를 치하하며, 10대 회장의 짐을 새로 맡은 배용귀 회장의 취임을 진심으로 축하드립니다.

돌이켜보면, 제가 여주농업중학교에 입학한 지 60년의 세월이 흘렀습니다. 그동안 학제가 중·농고로 개편되었고, 농고는 자연농고로, 전국적인 명문 전문대학으로 발전적인 변신을 거듭해왔습니다. 그 결과 30년 전에 창립된 재경여주중·농고동문회는 실질적으로 맥이 끊긴 모임이 되었습니다. 안타깝기 이를 데 없지만, 그만큼 우리 동문회는 자랑스럽고 소중한 모임으로 발전해왔습니다.

붉은 닭의 해인 정유년을 맞이하여 닭의 덕성을 가슴에 품고 새로운 비상의 꿈을 실현하기를 기원합니다. 비록 동문의 수는 해마다 줄어들 수밖에 없겠지만 애틋한 고향의 향수와 끈끈한 선후배의 열정은 뜨겁게 엉겨 우리들의 앞길은 더 없이 밝고 즐겁기만 하리라 믿어 의심치 않습니다. 신임 회장을 중심으로 똘똘 뭉쳐 힘을 냅시다.

저의 간절한 뜻을 적어 격려와 축하의 말씀에 대신하고자 합니다.

9, 10대 동문회장 이취임식에 부쳐

중·농고 문 나선 지 격랑 속에 반백년
서울에 다시 모여 뭉치기 삼십 성상
선후배 끓는 열정은 한없이 넘쳐나리.

어렵게 이끌어온 아홉 번째 길 회장님
태항산 그 추억은 그지없이 아름다워
베푼 덕 잊을 길 없어 길이길이 빛나리.

무거운 짐 걸머진 열 번째 배 회장님
붉은 닭 다섯 덕을 가슴 깊이 품으니
고향땅 옛정 되새겨 힘차게 날아가리.

석 장의 상품권

날씨가 꽤 덥다. 신사역에서 내려 약속 장소를 물어물어 찾아간다. 내가 밥을 사는 것도 아니고 10년 후배에게 점심을 얻어먹으러 가자니 귀찮은 생각마저 들었다. 그러나 한편 일말의 호기심에 가까워질수록 가벼운 설렘도 느낀다.

지난 법과대학 총동창회 정기총회 날이다. "제가 송 교수입니다." 하며 반갑게 인사를 하는 이를 처음에는 몰라보았다. 반세기 만의 만남이니 무리도 아니었다. 내 모습만큼이나 그도 늙었으니 말이다.

"제가 꼭 한번 뫼시겠습니다." 하기에 그러자고 의례적인 약속을 하고 각자 자기 자리를 찾아 갔었다. 그런데 정말 전화가 걸려왔으니 고맙기도 하였다.

아늑한 일식집 방이다. 송 교수와 11회 동창회장인 김 교수가 기다리고 있다. 음식이 들어오기 전에 옛 이야기를 털어놓는다. 젊어서 전셋집을 돈이 모자라 못 구하고 있는데 내가 꾸어 주어 해결했다는 것이다. 나는 전혀 생각이 나지 않는다고 하니, "그럼 이 이야기를 들으시면 생각이 날 것입니다." 한다.

"혁대 안쪽에 있는 바지 주머니에서 꼬깃꼬깃 접은 수표를 꺼내더니 꾸어준다며 건네주셨습니다. 그래도 생각이 안 나십니까?"

전혀 기억이 나지 않는다. 지금 돈으로 환산하면 천만 원쯤은 될 액수여서 자기도 깜짝 놀랐단다. 그 후 겨우 원금을 갚기는 했지만 지금까지 이자를 한 푼도 못 드렸으니 그 고마움을 잊을 수 없고, 평생 마음의 빚으로 남아 있었다는 것이다. 그러면서 '감사합니다'라고 쓰인 봉투를 내어 놓는다. 이게 무엇이냐고 펄쩍 뛰니, 편지라며 집에 가서 읽어보란다.

그러면서 고마운 일이 하나 더 있단다. 그 당시는 학원에서 세무회계를 강의하며 겨우 연명하던 때였는데, 언젠가는 '송○○시대'가 돌아올 것이니 열심히 개척해나가라는 덕담을 해주었다고. 믿기지 않던 그 말 한마디가 고비 고비마다 떠올라서 큰 힘이 되었다고 한다. 실제로 자기가 한국의 조세체계를 정비하고 세법학과를 창설하는데 기여했으며, 그것이 오늘의 법학전문대학원을 만드는 밑거름이 되었노라고 실토를 한다.

사실 나도 그 당시는 확신이 있어 한 말도 아니고 지나가는 말로 던진 덕담이었는데, 그 말을 잊지 않았던 젊은이가 황무지에서 거목으로 성장한 셈이니 감회가 새롭고, 마음 든든하기도 하여 시조 한 수가 절로 지어졌다.

상봉하기 반백년 몰라보게 변했어도
주고받은 따신 정 가슴을 데우거니
세상이 삭막해진들 옛정이야 마르랴.

기운 내라 던져준 사심 없는 말 한마디
삶의 굴곡 고비마다 큰 힘을 보탰거니
일궈낸 영광의 그 탑 길이길이 빛나리.

편지 내용이 궁금해서 집에 돌아오자 봉투부터 뜯어보았다. 깜짝 놀랐다. 진정어린 고마움의 사연은 없고, 예쁜 복주머니가 나온다. 열어보니 상품권 석 장이다.

밀린 이자를 받는 것이 아니라 그 마음씨를 받아들이자 생각하니 마음 흐뭇하고 고맙기 이를 데 없다. 되돌려줄 처지도 아니고, 김영란법을 걱정할 것도 아니니 나도 그 고마움을 나누자는 생각이 문득 들었다. 지금의 내 처지에 가장 고마운 사람은 누구일까.

그렇다. 여인 삼총사에게 나누어주자. 내 책을 급히 만드느라 애쓰는 소소리사 여인과 군소리 없이 끼니마다 삼식이 밥을 챙겨주는 마누라와 열심히 반찬을 사다대는 딸이 떠오른다. 그 고마움에 어찌 상품권 한 장으로 보답이 될까만, 그것은 헤아릴 수 없이 무거운 온정이 실려 있는 정표가 아닌가. 걱정은 나눌수록 작아지고 사랑은 나눌수록 커진다고 하지 않던가.

쌍지팡이

소소리사에 가면 서가에 꽂힌 책보다도 상남 시인이 수집한 자전거와 하리 수필가가 모은 닭들이 손님의 시선을 끈다. 그러나 나는 그런 예술적인 소품들이 아니라 실용적인 지팡이를 모아왔다.

아버지가 돌아가시자 진달래나무로 손수 만들어 길들여 놓은 지팡이를 어머니가 태워버렸는데 그 아쉬움에 대한 보상심리라 할까, 그 후 나는 여행지에서 특이한 모양의 지팡이를 만나기만 하면 꼭 사들고 오는 버릇이 생겼다. 이제는 벽에 달린 지팡이 걸이가 모자라 지팡이꽂이 항아리에 수북이 꽂혀있다. 그런데 작년에 고등학교 동기생인 광암(光岩)으로부터 직접 만든 청려장(青藜杖)을 선물로 받아 또 하나가 늘었다.

그 정성이 고맙기는 했지만, 왜 나에게 특별한 배려를 할까 내심 의아해 했다. 금년 여름이다. 나를 점심에 초대한 자리에서 60여 년 전의 추억담을 꺼내며, 평생 그 고마움을 잊을 수가 없었노라 속내를 털어놓는 게 아닌가. 오히려 내가 더 고마워 가슴이 뭉클했다.

당시 나는 법대를 지원했다가 실패를 했고, 광암은 간부후보생 시험을 준비할 때였다. 꼭 합격을 한다는 자신도 없으려니와 차라리 포기하고 사병으로 입대하여 일찍 제대를 할까 고민을 했었다. 그러나 나는 사병보다는 장교가 좋겠으니 '합격할 수 있다'는 자신감부터 갖고 용기를 내라고 부추겼으며, 출제될만한 문제들에 관하여 의논도 했다.

그런데 놀랍게도 광암이 수석합격의 영예를 차지했다. 인천에서 출정식을 하는 마당에 대표로 여고생의 꽃다발을 받았던 기쁨은 평생 잊을 수가 없고, 나의 격려 덕에 육군 장교가 되어 부대의 요직을 두루 거치며 보람 있는 군인생활을 마쳤고, 이어서 제대 후에도 공직에서 봉사할 수도 있었으니, 세상을 떠나기 전에 나에게 고맙다는 말을 꼭 하고 싶었다 한다.

지팡이 이야기를 하던 중, "명아주 대를 다듬을 때 조금만 더 길게 잘랐더라면 더 좋았을 걸…." 하니 "걱정 마, 금년 가을에 더 잘생긴 놈으로 다시 하나 만들어 줄게." 했다.

아니나 다를까. 설마 했는데, 오늘 아침에 전화가 걸려왔다.

"이번 주 동창회 모임에 나올 때는 지팡이 짚고 오지 마. 내가 새로 만든 것 가지고 갈게."

고맙다기보다 염치가 없는 노릇이 아닌가. 실은 나는 근래에 와서 고관절이 아프고 왼쪽 허벅지까지 당겨서 등산용 쌍지팡이를 짚고, 엉금엉금 네 발로 기다시피 하는 신세가 되었으니 좋은 청려장도 필요가 없는데…. 광암은 아직도 등산을 하며 펄펄 나는 처지이니, 이번 모임에 나갈 때는 나도 등산용 쌍지팡이를 한 벌 사가지고 가서 맞교환을 해야겠다.

아마도 양손에 청려장을 잡고 다니는 쌍지팡이사나이는 장안에 나밖에 없으리라. 아무렴 어떠랴. 광암의 지극한 정성을 짚고 다니는데 무엇을 주저할까보냐.

나도 「정성어린 청려장」을 한 수 지어 광암에게 바치련다.

육십 년 전 입대할 때 도움 줘 고맙다며
청려장을 마련해 쥐어주는 동기 동창
깊은 정 가슴이 뭉클 잊을 길이 없어라.

명아줏대 길이가 조금 짧다 했더니만
더 좋은 지팡이를 다시 또 만들다니
그 정성 양손에 짚고 옛 추억을 더듬네.

–「정성어린 청려장」

철구 따라 구만리

여행을 좋아하지 않는 사람도 있을까. 낯선 땅의 아름다운 풍광과 색다른 풍물에 마음을 빼앗기다 보면 여행마니아가 되기 마련이다. 나는 오대양 육대주를 원없이 누볐다.

흔히 여행을 하려면 돈과 시간과 건강이 따라주어야 한다고 한다. 더 중요한 것은 열정이 있어야 한다. 그러나 그 열정은 누군가 기름을 부어주어야 뜨겁게 타오르기 마련이다. 내 가슴에 불을 붙여 준 사람이 있었기에 나는 가장 효율적으로 품격 높은 여행을 팔십을 훨씬 넘긴 지금까지도 즐기고 있다. 그 사람이 철구다. '이철구여행'이다.

백문이 불여일견이라 했던가. 한번 함께 가보면 안다. 누구든 홀리기 마련이다. 자기 이름을 내걸고 헌신하는 사나이, 전생부터 준비된 여행가인가 보다. 해박한 역사 지식과 쌓아올린 경륜에 타고난 예술적 감각과 재능이 탁월하니 어쩌랴. 반하지 않을 수 없다.

호소력 있는 노래 실력과 피아노 솜씨에 김치까지 공수해오는 마음씨까지, 장시간 버스로 달려도 지루해할 새가 없다. '내 사랑 참깨' 시리즈를 비롯해 그 익살은 끝이 없다. 과연 '명품 주둥이'이다. 찬탄이 절로 터진다.

이철구 사장은 내 인생을 바꿔놓았다. 울릉도 성인봉을 함께 오르고, 차마고도 험로에 따라붙었다. 터키 일주며 바이칼호 탐방도 잊을 수 없는 추억이다. 그렇다고 팔순의 늙은이를 야꾸시마(屋久島)에 데리고 가다니…. 장장 10시간의 산행이었다. 수령 7,200년의 조몬스기(繩文杉)를 만나 본 것은 감격스럽기 이를 데 없으나, 기다리는 동행자들에게 너무 심려를 끼쳐 지금도 생각만 하면 몸 둘 바를 모른다.

그 후에도 무이산을 따라가 천유봉(天遊峰)까지 오른 것도 잊을 수 없는 쾌거다. 그 덕에 「해암의 무이구절가」도 지을 수 있었다.

최근에도 이 사장 덕에 중국의 오지 장가계를 다시 찾아갔고, 일본의 아오모리로 신록나들이와 단풍나들이를 두 번이나 다녀왔다. 떠날 때마다 이번이 마지막 여행이라 다짐하면서 올해도 야마가타 현의 넓은 들판과 갓상(月山)의 험한 골짝을 누비고 왔으니.

4.

길동무의 사연

아름다운 인생, 88

구혜정

(이대 법정대학 등산부 제2대 대장)

인류가 최초로 달에 착륙한 1969년 7월 20일, 이화여자대학교 법정대학 등산부원들은 지도교수 인솔 하에 지리산을 등반하고 있었다. 그때 정치외교학과 3학년생이었던 나는 등산부 탄생의 주역인 이양준 선배를 따라 창립기념 산행에 참가했고, 그 자리에서 이범찬 교수님을 처음 만나 뵈었다.

산행 첫날은 전남 구례 화엄사에서 출발해 노고단까지 올라가는 일정이었다. 점차 가팔라지는 고갯길에서 자꾸만 뒤처지는 내게 구원의 목소리가 들렸다. 바로 교수님의 음성이었다. 몸집만큼 큰 배낭을 걸머지고 헉헉거리며 올라가는 내 모습이 딱해 보였는지 짐을 덜어주시겠다는 제안을 하셨다. 뜻밖이지만 정말로 고마운 말씀이라 선뜻 배낭 속의 제일 큰 주머니를 빼서 건넸다. 그 일로 그때까지 조심스럽고 어렵게만 느껴졌던 교수님의 그 따뜻하고 자상한 성품을 알게 되었다. 우리들은 교수님을 선생님이라고 부르면서 스스럼없는 친밀감을 더해갔다. 선생님은 성균관대학교로 옮겨가신 뒤에도 '산희회'라고도 부르는 이대 법정대 등산부 회원들과 끈끈한 정을 이어가셨다.

돌이켜보면 50년이 흐르는 동안 선생님은 우리가 믿고 따르는 큰 오라버니 같은 분이셨다. 정년퇴임 후 문학도로 제2의 인생을 개척하며, 이를 스스로 '늙마의 외도'라고 표현하신다. 수필가로 등단하셨을 때 나는 산희회 대표로 축하 인사를 드리며 '문학소년'이란 별명을 붙여드렸다.

선생님은 정년기념 논문집 봉정식과 제6회 월산문학상 수상식에도 잊지 않고 이대 제자들을 불러주셨다. 또 신간 서적을 내실 때마다 챙겨 보내주셔서, 우리 집 책장엔 '해암 작품 코너'가 생겼다. 5권의 수필집, 4권의 시조집, 2권의 기행문집, 각각 한 권씩인 편지 모음집과 문학잡지들이 서가 두 칸을 차지하고 있다.

특히 '풀바리'라는 이름을 붙인 나의 가평 집을 수필과 시조로 책에 실어주셔서 얼마나 기쁘고 고마운지 모른다.

2013년 11월 13일에는 풀바리에서 선생님과 문우들을 모시게 되었다. 문학 동인들이 자작시를 낭송하며 선보이는 시낭송회였다. 삶의 연륜이 묻어나는 시인들이 빚어내는 차분하면서도 품격 있는 분위기! 그 속에서 즐거워하시는 선생님을 뵈면서 행복한 외도를 하고 계시는구나 하는 생각이 들었다. 그날은 늘

책 선물을 받기만 하던 나도 죄송함을 조금은 덜 수 있었다.

선생님과의 인연이 어느덧 반백년이나 되었지만 내 머릿속엔 그 옛날의 날렵한 인상이 또렷하게 각인되어 있다. 지리산 정상 천왕봉에 올라선 반바지 차림의 37세 청년의 모습. 아직도 젊은이 못지않게 왕성한 집필활동을 이어가시는 선생님의 별명을 지금부터는 '문학청년'으로 바꿔 불러야겠다.

2020년에 미수를 맞는 선생님의 아름다운 삶에 경의를 표하며, 만년청년으로 마음껏 즐기시기를 두 손 모아 빌어드린다.

"선생님! 사랑합니다!"

문필가로 변신한 법학자

권오일

(동방위너스텍주식회사 대표이사 회장)

송암(松巖) 이범찬 회장님은 저명한 법학자에서 황혼의 늦깎이 문필가로 등단하신 분이다. 재경 여주중·농고 총동창회 초대 회장으로 동창회 발전에 헌신적으로 기여하신 대선배님이다.

처음 이범찬 회장님을 뵙게 된 후 지금까지 호칭을 회장님으로 부르는 게 더 익숙해졌다. 재경 여주중·농고 총동창회 모임 때면 뵙게 되는 송암 이범찬 회장님은 과묵하시고 카리스마와 정감이 넘치는 분이다. 회장님의 모습을 볼 때마다 나는 미국 영화 대부(代父 Godfather)의 주연 배우, 굳은 절개와 신념을 가진 마론브란드를 연상한다. 장골이 튼튼한 체구와 활짝 웃는 모습에 나는 더욱 정감을 느꼈다. 저명한 법학자로 명문대 교수(성균관대 법과대학장)로 정년퇴임한 후, 일본 나고야경제대학 교수로 봉직한 회장님의 해박한 학문이 더 한층 빛나고 있다. 대체로 대학교수로 정년퇴임한 분들을 보면 등산이나 낚시를 즐기고 전원주택에서 채소밭을 가꾸며 소일하는 분들이 많다.

송암 이범찬 회장님은 문필가로 변신하여 노익장(老益壯)을 과시하고 계시다. 기행문집(지구촌의 여정, 발길 따라 물길 따라, 낯선 땅을 찾아), 수필집(원숭이 목각, 늙마의 외도, 어차피 가는 길을, 들판을 달리며, 발자국을 돌아보며), 시집(바다 바위의 노래, 시클라멘을 마주하고 앉으면), 시조집(가을로 가는 나들이 노래, 노을녘을 달구며, 푸른 동산, 바람 따라 구만리, 길손의 노래, 산마루를 오르며) 등을 출간하셨으니, 참으로 놀라운 열정으로 왕성한 작품 활동을 하고 계시다.

어쩌면 회장님은 법학자 못지않게 작가로서도 명성을 크게 떨치시리라 믿는다. 그 열정도 놀랍지만, 그 문장도 쉽고 간결하여 작품마다 작가의 따뜻하고 담백한 마음을 엿볼 수 있게 된다.

수필가 청봉(清峯) 김훈동(중앙대학원 동문)이 이범찬 회장님에 대하여 중후한 작품을 쓰신다고 하며, 특히 시조에 대하여 호평하는 것을 들었다. 이 회장님은 농부의 아들로 농업고등학교를 졸업하고 서울법대로 진학한 보기 드문 수재이며, 여주가 낳은 저명한 법학자이자 문필가이다.

선배님! 백세시대를 사는 요즘 오래오래 건강하시어 더 빛나는 작품 활동을 하여 주시기를 바랍니다. 여주 동문 모두가 큰 박수로 성원해 드립니다. 박장대소(拍掌大笑)하는 모습으로 88세

(米壽)를 보내시고, 100세(上壽)를 기념하는 또 하나의 기념 작품이 나오기를 고대합니다.

호랑이는 죽어서 가죽을 남기고 사람은 죽어서 이름을 남긴다 하지요. 자신의 삶을 조심조심 가꾸어 나가야 다시 만날 때마다 새로운 향기를 주고받을 수 있다고 합니다.

> "도전은 인생을 흥미롭게 하며, 도전의 극복은 인생을 의미있게 만든다." - 조슈아 J. 마린
>
> challenges are what make life interesting; overcoming them is what makes life meaningful. - Joshua J. Marine

처음처럼 변하지 않은 회장님의 두터운 사랑을 듬뿍 주시기를 기대하며, 건강한 모습으로 아름다운 작품을 집필하시어 희망의 등불을 밝혀주시기를 기원합니다.

(재경 여주중·농고 총동창회 제6대 회장)

송암 선생님의 자화상

김난석
(시인 · 문학시대인회 회장)

자화상(自畵像)이라면 스스로 자신의 얼굴 모습을 그린 걸 말한다. 내가 내 얼굴을 그린다면 어떤 모습이 될까? 아마도 맹하거나 양미간 으등그러진 모습이 될 듯싶지만 그래도 웃음이고 싶다.

웃는다는 건 기쁜 일이나 우스운 일, 기막힌 일 따위로 기쁜 표정을 짓거나 소리를 내는 걸 말한다. 해서 희로애락을 웃음 하나로 나타내기도 하는데, 사람이 다른 동물과 구분되는 건 이 점 때문이기도 할게다.

자전(字典)에서 소(笑)를 풀이하기를, 기뻐하되 얼굴을 풀고 이를 드러내는 것이라 했다.(喜而解顏啓齒) 이걸 보면 얼굴 가득한 파안대소(破顏大笑)를 떠올리게 되지만 자비로운 미소로 흠모하는 절간의 불상(佛像) 모습은 웃음이 새어나올 듯 안으로 감춰

들일 뿐이요, 표정을 일그러뜨리거나 이가 하얗게 드러난 모습은 찾아볼 수 없다.

그러고 보면 세간의 웃음과 부처님의 웃음엔 구분이 있는 게 아닌가하는 생각도 하게 된다. 그럼에도 웃어야 하리라. “웃는 낯에 침 뱉으랴.”는 말도 하니 그런 것이요, 웃음은 수많은 얼굴근육을 움직여 몸에 좋은 엔돌핀을 생성시킨다니 그런 것이다. 허나 ‘웃음 끝에 눈물’이라고도 하니 세상사는 좋은 일만 있는 게 아님도 깨달으면서 경외(敬畏)하는 마음도 가져야 하리라. 그래도 웃어야 한다. 그렇다고 웃음 사는 일을 하거나 웃음을 파는 일은 없어야 하겠지만 “웃음 속에 칼이 있다.”고도 하니 웃음 앞에서 경계하는 마음도 놓아서는 안 되리라.

그렇다면 얼마나 웃어야 할까? 물론 이건 우문(愚問)이겠지만 기쁜 뜻으로 웃을 일이 많이 생기면 좋을 일이니 다다익선이라고나 할까보다. 그러나 웃을 일이 마음같이 쉬 생기는 것도 아니요 탈이 나기도 하는데, 기쁜 일을 너무 탐하다보면 사달이 나니 그런 것이고, 싫은 걸 비켜나가면 좋으련만 마주서서 노여움을 토하다보면 사달이 나니 그런 것이요, 시쳇말로 이것저것 구분도 못해 허우적거리다보면 사달이 나니 그런 것이다.

그래서 불가에선 이를 탐진치(貪瞋癡) 삼독이라 하는 모양이지만 웃지 않아도 마음의 평안을 찾고 상대방에게도 평안한 마음만 전할 수 있다면 만족해할 줄도 알아야 하지 않을까. 그래서 미혹한 마음을 가다듬기 위해 선지식도 찾아보는 것일 게다.

영취산 통도사에 딸린 조그만 암자 극락암이 있다. 그 전각 옆으로 비켜 선 산기슭에 삼소굴(三笑窟)이란 자그마한 요사채도 있는데, 근현대의 걸출한 선사 경봉께서 통도사에 주재하시다가 물러난 뒤에 머물던 곳이라 한다. 그 툇마루에 걸터앉아보다가 "허허허" 하고 서너 번 웃다 떠나는 이들의 모습도 눈에 띄던데, 마음의 도량인 절간에 흔히는 심검당이니 묵언당이니 하여 적요(寂寥)를 뜻하는 편액이 걸려 있더라만 '허허허' 삼소라니, 참 의아하기도 하다.

조선 후기의 호생자 최북은 단원, 혜원, 오원, 표암 강세황과 더불어 조선의 5대 천재화가로 일컬어진다. 그의 작품으로 '호계삼소도(虎溪三笑圖)'가 전해지는데, 중국 동진(東晋)의 고승 혜원과 도연명, 육수정의 고사를 들어 그린 것이라 한다. 혜원은 처음엔 유학을 배우고, 이어 도교에 심취했다가 승려가 되어 여산에 동림사(東林寺)를 짓고 은거하며 불퇴전의 정진에 들어갔는데, 어느 날 유학자이고 시인인 도연명과 도사(道士) 육수정이 찾아오자 은거처에서 나와 호계(虎溪)를 건너면서 파안대소하며 웃었다 한다. 이를 모티프로 최북뿐만 아니라 많은 묵객들이 삼소도를 그렸다는데, 선사 경봉도 '삼소굴'이란 편액을 걸어 놓고 삼소(三笑) 할 분들을 기다렸을까?

나에게 웃음과 관련된 문사를 떠올려 보라면 우선 2008년도에 『문학시대』에서 인연이 된 송암 이범찬 선생님을 꼽을 수 있겠다. 선생님을 문사(文士)라 칭함은 누구와도 겨루거나 다툴 일 없이 강단에서, 서재에서, 서실에서, 松巖과 慈香의 농막에서, 또 지구촌 곳곳에서 가르치고 짖고 쓰고 사랑하고 사색하며 평생을 살아오셨기 때문이요, 선생님을 웃음과 관련된 문사라 칭함은 뵈올 때마다 빙그레 지어보이시는 미소가 상대방을 일시에 환하게 웃게 하심은 물론이려니와 거기에 친밀감을 더해 주시기에 하는 말이다.

선생님은 대학 강단에서 내려오시던 1998년도에 『海巖의 自畵像』을 내셨다고 한다. 나의 인연이 거기까지 가지는 못해서 내용은 모르겠으나 그로부터 20년 뒤인 2018년도에 펴내신 『松巖의 自畵像』을 보면 학문의 길과 문학의 길에서 빼곡하고도 숨찬 걸음 하셨음을 한 눈에 짐작이나 할 뿐인데, 재주가 없는 처지로서야 그 진면목을 어찌 다 헤아릴 수 있으랴. 하지만 선생님의 얼굴에 띠는 온화한 미소가 바로 선생님의 자화상이 아닐까하는 생각을 해보면서, 그런 바탕에서 학문도 문학도 꽃 피워내셨을 테니 진정한 선비란 바로 그런 것이란 생각도 해보게 된다.

이제 선생님은 미수(米壽)를 맞아 다시 문집을 내시리라 하는데, 첫 번째의 『海巖의 自畵像』을 첫 미소라 한다면, 두 번째의 『松巖의 自畵像』을 두 번째 미소라 한다면, 그러면 이제 나올 문집을 세 번째 미소라 해도 틀린 말은 아니려니, 그게 바로 삼소(三笑)가 되는 셈이리라.

세상에 홀로 태어난 범부가 하늘 아래 유아독존의 자존감을 깨닫는다면 첫째 웃음일 테고, 참된 벗 하나 동행한다면 둘째 웃음일 터요, 마음 맞는 이성을 만나 해로한다면 세 번째 웃음일 텐데, 기쁜 일 우스운 일의 웃음에 인색한 처지로서는 문수보살로부터 계를 받았다는 무착선사의 글을 떠올리며 허허허 웃다가 노여움이나 거두어 갈 뿐이지만, 자존감 가득하시고 글벗과의 동행이 아름다우시며 松巖, 慈香의 해로로 행복하신 선생님의 미소가 오래오래 피어나 퍼지길 바라면서 나도 그런 미소 옆에서 마음의 평안이나 찾아보아야겠다.

面上無瞋供養俱(면상무진공양구)
口裏無瞋吐妙香(구이무진토묘향)
心裏無瞋是眞寶(심이무진시진보)
無染無垢是眞常(무염무구시진상)

얼굴에 노함이 없으면 참된 공양구요
말에 노함이 없으면 참된 향이로다.
마음에 노함이 없으면 참된 보배요
물들지 않아 때 없음이 참된 실상이라.

\- 무착선사

그림으로 맺어진 인연

김 숙
(화가 · 방배동 문인화부 조교)

벌써 2년이 지났다. '방배 열린문화센터'에 문인화부 조교로 강의실에 갔던 날부터 지금까지의 세월이…. 내가 교수님을 뵐 수 있었던 행운은 그때 '문인화'라는 징검다리를 막 건너고 나서였다. 말하자면, 교수님은 내가 맡고 있는 사군자를 배우기 위해 수강신청을 한 회원 중 한 분이셨다.

교수님은 비서 겸(처음 내 눈에는 그렇게 보였다) 예쁜 따님을 대동하고 강의실에 오셔서 늘 맨 앞자리에 앉으신다. 아버지와 딸이 한자리에 앉아있는 모습을 좀처럼 보기 힘든 요즘, 따뜻한 부녀지간의 모습을 보는 것만으로도 내 입장에서는 더없이 훈훈한 정경이라고 생각했다.

교수님은 누구보다 화려한 경력을 갖고 계시면서도, 또 누구보다 겸손하셔서 우리에게 귀감이 되어주시는 큰 어른이시다.

이름난 상법학자로 평생을 강단에서 보내신 분이, 몇 년 전에는 문단에 등단하여 수필가와 시인이 되셨는데, 이제는 문인화가의 길에도 도전장을 던지셨다. 게다가 이미 서예문인화협회에서 수상한 경력도 있으니 학문이나 예능에 대한 의욕과 열정은 그야말로 끝이 없으신 것 같다.

세월이 가도 품위를 잃지 않고 우아하게 나이 드는 법을 몸소 보여주시는, 닮고 싶은 부분이 너무나 많은 교수님!! 미수를 맞는 교수님의 독야청청(獨也青青)한 모습을 오래오래 뵐 수 있기를 기원할 뿐이다.

교수님, 화이팅~!!

올곧은 선비글쟁이

김 원

(수필가)

예부터 선비가 되려면 글을 지을 줄 알아야 한다. 소설, 수필을 쓸 줄 안다 해서 선비 소리를 듣지 못한다. 시를 지을 줄 알아야 제대로 된 선비 취급을 받는다. 이범찬 선생님은 이 범주에서 보면 진짜 선비다.

내가 이런 선비 가운데 선비를 만난 것은 내 행운이요 복이지만 너무 늦게 만난 게 후회스럽다. 진작 우리는 그 전에 몇 번 한솥밥을 먹을 뻔했지만 운이 닿지 않았다. 1960년대 중반에 내가 성균관대학에 시간강사로 지내다 미국유학을 떠난 뒤 선생님은 이화여대에서 이미 법학교수로 명성을 얻고 스카우트되어 오셨으며, 내가 미국 컬럼비아대학에서 박사학위를 받고 귀국한 뒤 선생님은 그 대학에 1년 방문교수로 오셨다. 나는 도시계획을 전공했으니 결국 우리는 노는 물이 달라 서로 숨바

꼭질 할 수밖에 없었고, 정년 후에야 문단에서 뵙게 되었다. 그것도 우리 집에서 말이다. 이런 행운이 어디 있나.

10여 년 전이다. 나는 미국에 터를 잡고 살면서 가을에 고향 안동고택에서 몇 달씩 지낸 적이 있었다. 그 해 가을에 상남 성춘복 원로시인의 주선으로 고택에서 '시와 음악의 밤'을 가지던 날, 우희정 수필가, 정연순 시인과 함께 먼 길을 마다 않으시고 누추한 시골 만송헌 고택에 오셨다. 그 자리에서 송암 선생과 첫인사를 나누게 되었다. 참으로 먼 세월을 헛바퀴 돌리다 만난 것이니 서로 사연을 알고서는 급속도로 가까워졌다.

첫인상이 온화하고 포근한 느낌을 주었다. 몇 해 선배임에도 항상 존댓말과 공손을 잊지 않는 예의바른 여주 양반이시다. 겸손과 배려가 인생 덕목에 제일이라면 송암 선생님이야말로 누가 뭐라 해도 단박에 선비풍도에 경외감을 갖지 않을 수 없게 된다.

그 후 서울에 하루 이틀 볼일이 있을 때마다 상경하면 선생님을 불러내어 우리는 그리 긴요하지도 않은 시답잖은 사연이지만 얼굴을 맞대고 밥을 먹으면서 이야기를 나누었다. 여주 별장 짓는 이야기며, 건강이야기를. 그래야 성이 찼다.

나는 선생님을 법학도라고 보기 보다는 태생적으로 선비글쟁이라고 하고 싶다. 2005년 등단한 이래 기행문집 3권, 수필집 5권, 시집 7권, 편지모음집 2권, 회고록 1권 등, 도합 18권을 출간하였으니 년 평균 1.5권을 쓰신 셈이다. 등단 13년 만에 이만큼이나 많은 글을 풀어냈다는 것은 전업 글쟁이도 어려울 것이다. 그러니 글 생산량으로 볼 때 법학도가 아니라 분명 문학도가 맞다. 특히 나로선 고마운 것이 그 수백 편의 시 가운데 우리 집 음악회에 다녀가신 후 시 두 편을 써 보내 주신 것이다. 물론 그의 시집에 들어 있지만 이 글을 읽는 이를 위해 최근의 시를 소개한다.

운곡 뜰 구절가

- 작은 뜰 큰 잔치

1곡 - 서곡

종가 댁 앞마당에 찾아든 귀한 손님/ 긴긴 풍상 이어온 선비 풍류 드높거니/ 내앞 골 작은 뜨락에 큰 잔치 흥겨워라.

2곡 - 만송헌

운곡 골짝 복판에 우뚝 솟은 기와집/ '만송헌' 서운고당 명필 현판 걸렸거니/ 고택에 어린 서기는 천년만년 빛나리.

3곡 - 청허제

청아하고 겸허하게 만송헌에 덧붙혀/ 밖으로는 같은 집 안에 들면 편한 쉼터/ 그 솜씨 놀랍기도 해 부럽기 한량없네.

4곡 - 서천

돌 틈에서 솟구친 맑은 샘물 끊임없고/ 엄동엔 따뜻하고 염천엔 차디차니/ 이름난 천연기념물 널리널리 퍼지리.

5곡 - 세심정

옹달샘 물 흘러내려 밤낮 없이 쫄 쫄 쫄/ 대문 옆 정자에서 마음을 씻어내니/ 선비는 올곧은 생각 흐려질 수 없어라.

6곡 - 현송

아들 딸 정성 모아 팔십 고개 마루턱에/ 세심정 바라보며 옮겨 앉은 솔 한 그루/ 작은 뜰 안주인 되어 천년만년 푸르리.

8곡 - 대금과 색소폰

흥을 돋운 양악기에 구성진 대금 가락/ 식어가는 열기에 밤하늘을 흔드니/ 제비도 잠 못 이루고 춤판에 끼어드네.

9곡 - 시와 수필

시인들의 읊는 노래 심금을 울려대고/ '죽음은 꽃이다'라 낭송하는 수필가/ 풍기는 문학의 향기 잔치판을 달구네.

10곡 - 뒤풀이잔치

서운고당 안채에 풍성한 음식 차려/ 막걸리 동동주에 남은 흥 식히려니/ 안주인 후덕한 덕에 허리 풀고 즐기네.

- 시집 『산마루를 오르며』 중에서

흔히들 하는 말로 정년하면 제2의 인생으로 이모작을 한다고 하는데, 송암 선생님이야말로 법학교수로 일모작을 마치고, 이모작으로 문학 장르를 휩쓸었으니 누가 보아도 성공한 문인임에 틀림없다. 거기에 여러 곳에서 받으신 문학상까지 합치면 더더욱 문인으로 확고부동한 위상을 세운 셈이다.

내가 선생님을 두고 이런 건방진 평을 하는 것에는 다 이유가 있다. 선생님은 70평생 그 딱딱하고 논리적이고 골치 아픈 법조문과 씨름하던 문장들이 몸에 배어있을 터인데도, 그의 수필과 시를 읽어 보면 전혀 딴 사람의 두뇌에서 나온 언어 같다. 한마디로 부드럽고 유려한 글 솜씨는 그의 타고난 문향이 아닌가 생각된다. 그의 온화한 내적 사유에서 길러낸 게 틀림없다. 선생님의 글은 한마디로 70을 넘도록 오랜 세월에 걸쳐 내공을 쌓아 허무와 절망을 극복한 다감한 목소리가 묻어 나오는데, 읽고 있자니 마치 아득한 그리움을 찾는 문학청년 같은 느낌을 준다. 감추어진 흥의 내실을 뽑아내는 재주가 비범하기 이를 데 없다.

그의 수필 작품 「장닭의 울음소리」를 읽어 보자. 그가 여주 농장에 닭장을 마련해놓고 토종 암탉 두 마리와 수탉 한 마리를 풀어 놓았다. 정력이 센 수탉이 암탉 두 마리로서는 성이 안차 매일 암놈에 올라타고 쪼아댄 탓으로 암놈이 그만 기절하여 시름시름하다 죽고 만다. 일설에 의하면 장닭 한 마리에 암탉이 15마리가 정원이라는 말이 있다. 일부다처제의 정형이다. 그러니 수놈은 그의 표현대로 '졸지에 홀아비'가 되어 조용한 농가에 울어대는 목소리가 마치 '분노의 폭발이요 고독의 절규'로 다가 왔다. 홀아비 장닭의 호소를 듣고 그는 다음의 시를 읊는다.

홀아비 된 장닭은 목 놓아 울어대고
햇볕은 소리 없이 텃밭을 달구는데
처절한 저 매미소리 내 가슴을 태우네.

선생님은 이제 미수(米壽)를 맞으신다. 아무리 수명이 길어졌다 하더라도 세월을 이길 장사는 없다. 건강할 때 건강을 지키라는 말이 있듯이 현재의 건강이 120세까지 장수하길 바란다. 선생님이 늘 건강하시고 해맑은 미소로 편케 다가오시 듯 앞으로도 계속해서 향기 짙은 글로 우리를 찾아와 주시길 바란다.

대강이라는 단어를 모르는 분

문육자
(수필가)

선생님 사전에 없는 단어는 '대강'이라는 말인 것 같습니다. 선생님 스스로 3모작이라는 말을 내세우고 있으니 느슨해질 만도 한데 어쩌면 그리 탄탄하고 옹골찬(?)지 그 깊이와 넓이를 가늠할 길이 없습니다. 특히 『송암의 자화상』은 장인이 만들어낸 훌륭한 목가구 같은 느낌까지도 받았습니다. 아귀가 딱 맞는 그런 작품처럼 빈틈이 없었습니다. 학자로서 뛰어난 실력과 성실한 면모, 글을 쓰는 작가로서의 모습까지도 모두 아우러져 있어 선생님의 족적이 그대로 드러난 것이었습니다. 더구나 연보나 논문은 물론 선생님의 문학 작품 제목까지도 색인으로 만들어 일일이 밝혔으니 어찌 대강이라는 단어가 숨을 쉴 수가 있었을까 싶습니다. 깊은 바다의 물고기들의 눈이 퇴화하여 없어지듯 아예 없어졌더군요. 선생님의 촘촘한 걸음걸이를 따라 걷노라니 재미에 빠져들어 헤어나기가 어려웠습니다. 그렇게 자신의 모습을 내비치면서도 저항감 없이 수월하게 다가갈 수 있게 하는 것은 바로 선생님의 겸허한 성품이 베풀어 주신 게 아닐까 싶습니다.

선생님의 2모작까지는 기록으로 알 뿐이지만 3모작 인생은 가까이에서 볼 수 있기에 조금 더 친밀하게 느껴집니다. 다시 새로운 땅에 씨를 뿌리고 밭을 갈아 또 다른 열매를 거두어들이며 내비친 선생님의 모습은 신선하고 따스함입니다.

미수(米壽)라는 말이 오히려 어불성설입니다. 청년입니다. 글에 대한 열정과 치열함을 누가 따를 수 있을까요. 수필로 시작하여 시로, 그리고 우리의 아름다운 가락인 시조에 이르기까지 가슴에서 농익혀 손끝에서 피워낸 문학의 향기가 그것을 증명합니다. 쉬운 언어가 가슴을 울려 감동으로 자리합니다.

다음은 다작입니다. 마구잡이처럼 써내는 것이 아니라 글마다 구절마다 감성이 옹달샘 샘물처럼 졸졸거리며 흘러내리곤 합니다. 제 경우, 책을 받고 다 읽은 다음 감사나 축하의 글을 드리는데 가끔은 그 인사를 드리기도 전에 강남 제비 돌아온 듯 새로운 작품집이 초라한 제 방을 두드리기도 했습니다.

바람도/ 풀잎을 깨워/ 잠든 산 일으키네.

-「숲의 소리 · 3」에서

이렇게 멋진 표현의 바람 한 자락이 산을 일으키는 게 아니라 선생님의 감성을 죽비처럼 두들긴 게 아닐까 싶을 만큼 다작입니다. 바람은 쉼 없이 부니까요. 뜨거운 햇살 한소끔 보태어 귀를 밝히는 시가 되고 시조가 되어 다시 독자들에게 다가오는….

다음은 여행입니다. 감히 여행이라고 말할 수가 없습니다. 견문이며 정복이고, 국내외를 가리지 않았고 경개 좋은 곳만도 아닌 발걸음 닿는 대로이기 때문입니다. 그러나 그 느낌은 그곳을 다 포장할 만큼 섬세합니다. 사물을 바라보는 눈이 높고도 넓고 길기만 했습니다. 그 눈의 방향을 따라가다 보면 다리도 눈도 아플 만큼 재바르게 달려 선생님만의 숲속으로 사라지고 보이지 않았습니다. 아마 그 숲속에서 영롱한 구슬을 꿰고 있지 않을까 싶습니다.

제 일천한 글 솜씨가 선생님을 모두 그려내지 못할 것 같군요. 마지막은 선생님께 드린 독자들의 감사의 글들을 곱게 간직했다가 펴놓은 것입니다. 상대방에 대한 따뜻한 정이며 배려이고 나눔이었습니다. 부끄러움 뒤에 설렘이 함께했습니다. 제가 드렸던 어눌한 감사와 축하의 글이 선생님의 도움으로 사금파리처럼 반짝이고 있기 때문입니다.

미수! 선생님께 어울리지 않는 단어이긴 하지만 긴 여정을 숨차게 달려오셨군요. 축하한다는 한마디의 말로 감히 갈음함을 눈 감아 주세요. 건강하세요. 그리고 존경합니다. 선생님.

환동(還童)의 작가 송암 선생

민아리
(수필가)

내가 시인이자 수필가인 송암(松巖) 이범찬(李範燦) 선생을 처음 만난 것은 작가들의 작은 친목 모임에서였다. 모임 첫날, 회원 중 가장 연장자이시면서도 조용히 타인의 말에 귀 기울일 뿐 좀처럼 자신을 드러내지 않으시려는 점과 소년처럼 무구하게 웃으시는 선생의 동안이 매우 특별한 느낌으로 다가왔다. 게다가 법학과 교수 출신의 작가라고는 믿어지지 않을 만큼 소탈함과 겸손함, 친화력으로 상대를 배려하시는 모습에서는 마음 따뜻하고 도량 있는 호인의 면모도 엿볼 수 있었다.

선생의 성품과 작품을 대할 때마다 나는 추사(秋史) 최후, 최고의 걸작으로 유명한 봉은사 판전의 편액 글씨 '板殿'을 떠올리곤 한다. 얼핏 여덟 살 서당아이가 쓴 것처럼 보여 절로 미소가 지어지는 글씨이다. 그러나 알고 보면 그것은 '환동(還童)'

의 경지에 이른 사람만이 쓸 수 있는 글씨체이다. 서예에서 최고의 경지는 환동, 즉 어린아이로 돌아가는 것이라 한다. 온갖 기법과 법도를 섭렵한 이후 멋이나 미에 대한 통념을 시원하게 벗어던짐으로써 얻을 수 있는 대범함으로, 아무나 흉내낼 수 없는 고도의 경지를 일컫는 말이다. 그 어린아이란, 노자가 말하는 무지무욕(無知無欲)의 어린아이와도, 니체가 말하는 해탈의 경지에 이른 초자연적인 어린아이와도 같은 말일 터이다. 어린아이를 닮은 선생의 천진한 웃음과 소탈한 성품, 누구에게나 쉽고 친근하게 읽히는 작품의 행간에는 그러나 심오한 삶의 철학과 홍진을 떠나 달관의 경지에 이른 노(老) 작가의 모습이 그대로 투영되어 있어, 나로 하여금 봉은사의 '板殿'을 떠올리게 하는 것이다.

선생의 수필을 읽다 보면 인간학의 예술적 정수라고 감탄할 때가 많다. 언제 어느 곳에서 어떠한 소재와 맞닥뜨리더라도 거침없는 필치로 풍부한 인생의 경륜과 지성, 작가로서의 감성이 어우러진 통찰과 울림의 미학을 창조해 내신다. 결코 요란한 기교나 현란한 수사를 가까이 하지 않고 선생께서 즐겨 입으시는 하얀 모시옷처럼 단지 담박한 표현만으로도 심연의 울림을 주는 필력이야말로 선생만의 수필작법이리라.

자연의 친근한 벗으로서 기행시조와 기행수필을 즐겨 쓰시는 선생께서 자신과 독자에게 전하는 메시지도 도인의 커다란 가르침으로 다가온다. 겸허한 마음으로 끊임없이 자연과 교감하고 소통하며, 어느 것에도 속박되지 않고 자연의 섭리대로 살아가라는 선생의 자연관과의 만남은 독자들에겐 치유와 명상의 기회라 생각한다.

또 내가 선생의 수필 읽기를 즐기는 데에는 선생의 수필에서만 맛볼 수 있는 아주 특별한 이유가 있다. 산문 속에 숨어 있다가 톡톡 튀어나오곤 하는 운문들은 얼마나 신선한 등장인가. 수필의 긴 문장 숲에서 시조라는 새소리와 조우할 때면 나는 일부러 그것을 소리 내어 읊어봄으로써 잠시 감칠맛 나는 시조의 율격미에 젖어보곤 하는데, 그 맛이란 것이 결코 얕지가 않다.

선생께서는 지칠 줄 모르는 열정으로 거의 매해 책을 출간하여 보내주시는데, 그때마다 감사함 뒤로 부러움과 부끄러움이 늘 따라오곤 하니, 게으른 후배의 창작욕을 끊임없이 일으켜 세워 주시는 선생의 채찍에 그저 머리가 숙여질 뿐이다.

오늘도 나는 가을하늘처럼 해맑은 소년 송암 선생의 웃음을 떠올리며 선생의 강녕과 건필을 마음속 깊이 기원해 본다.

평생 신세만 진 송암 이범찬 지도교수님

박길준

(연세대학교 명예교수)

송암 이범찬 교수님의 미수를 충심으로 축하합니다. 요즈음 수명이 길어져 백수도 우습게 여기는 풍조가 있습니다만, 미수가 아무에게나 흔하고 쉬운 일은 아닙니다. 더구나 송암처럼 인생을 공들여 힘들게 가꾸어 오신 분에게는 더욱 보람 있고 의미 깊은 날임에 틀림이 없어, 이런 복을 받은 송암과 사모님, 그리고 자녀들에게까지 축의를 전하고 싶습니다.

송암과 나와의 인연은 대학원 시절 은사이신 서돈각 교수님의 연구실에서 시작되었습니다. 송암은 나보다 3년이나 선배이시고, 나는 대학 재학 중 방순원 교수님에게서 대학원 진학을 권유받아 민사소송법 전공으로 대학원에 입학하였기 때문에 송암과는 지면이 없었습니다. 그런데 대학졸업 후 군복무 중 방순원 교수님께서 대법관으로 옮겨 가시는 바람에 졸지에 지도교수를 잃어버리고 고아신세가 되었지요. 하는 수 없이 대학생 때부터 친분이 있고 법대 교수 중 가장 마음씨가 좋은 부처님 서돈각 교수님을 찾아가 사정을 하여 상법 연구실에 입문하고, 전공도 상법으로 바꾸게 되었습니다. 그리하여 서돈각 교수 연구실에 일찍이 들어와 계시던 송암을 뵙게 되었고, 오늘날까지 60여 년의 교류가 이어지고 있지요. 내가 송암을 처음 뵈었을 때 첫 인상은 자상하면서도 날카롭고 분명하시다는 느낌을 받았는데, 그 첫 인상은 지금까지도 변함이 없습니다.

오랫동안 나는 송암께 많은 폐를 끼쳤는데, 얼핏 두 가지가 생각납니다. 그 하나는 박사학위를 받은 것이고, 다른 하나는 성균관대학 교수로 부임한 것입니다. 1970년대까지 우리나라에는 구제(舊制) 박사제도가 있어서 대학원에서 학점이수과정을 거치지 않고 논문만 제출하여 박사학위를 받는 제도가 있었습니다. 나도 모교인 서울대학교에 구제 박사학위를 신청하려 하였으나 J교수가 냉혹히 거절하는 바람에 하는 수 없이 학점 이수과정을 거치는 신제(新制) 박사과정으로 시작할 수밖에 없었는데, 이때에 송암이 성균관대학에서 나를 받아 주어 무난히 박사학위를 받을 수 있게 해 주셨습니다. 그때부터 나는 송암을 깎듯이 지도교수로 모시겠다고 다짐하였으나 살다보니 말처럼 되지는 않았습니다.

미국 유학에서 돌아온 뒤 나는 숭실대학에서 자리를 잡고 상법을 가르쳤습니다. 무려 13년이나 재직하여 온갖 정이 들대로 들었는데, 갑자기 학교에 내홍이 불거져 숭실을 떠나야겠다고 생각하고 있던 중 성균관대학에서 교수직 제의가 들어왔습니다. 그러나 막상 키를 쥐고 있는 송암은 교환교수로 미국에 가 계셔서 하는 수 없이 미국까지 연락하여 송암의 승낙을 받았습니다. 당시 나로서는 개인적으로 어려운 처지에 있었는데, 송암이 미국에 계시면서 나를 성균관대학에 받아 주는 용단을 내려 주셨습니다. 그런데 송암을 더 어렵게 만드는 문제가 얼마 후 터졌습니다. 성균관대학에서 인사문제가 발단이 되어 내가 곤경에 빠졌는데 연세대학에서 교수직 제의가 들어왔습니다. 하는 수 없이 나는 또 송암과 상의하였고, 송암은 너그럽게 양해해 주셨습니다. 이로 인해 나는 송암과 성균관대학에 큰 빚을 지고 말았습니다.

몇 해가 지난 후 학술원에서는 작고하신 서돈각 교수님의 공석을 채우기 위하여 상사법학회에 학술원 회원 후보 추천의뢰를 하였고, 학회에서는 송암과 나를 후보자로 복수 추천을 하였습니다. 나는 드디어 송암에게 진 빚을 갚을 기회가 왔다고 생각하고 "나는 들러리만 설 테니 송암을 학술원 회원으로 받아달라."고 학술원 회원들에게 간곡히 호소하였습니다. 그러나 송암을 한사코 반대하는 황당한 회원들의 책략에 부딪혀 송암과 나의 노력은 허사로 끝나고 말았습니다. 당시 송암의 안타까운 심경과 고뇌는 「송암의 자화상」에 구석구석 표출되어 있고, 나도 송암에게 신세를 갚을 수 있는 절호의 기회를 놓치고 말았습니다.

송암은 학술원 진출에 실패한 뒤에도 좌절하지 않고, 오히려 타고난 글재주를 살리고 정진하여 문단에 등단하고, 문인으로 인생 삼모작을 여유롭게 거두고 계십니다. 부디 노후의 평강을 누리시고 「자화상」에서 스스로 노래하신 '천년의 큰 꿈을' 이번 미수에 일궈내시기를 두 손 모아 기도합니다.

사람의 길

서승연
(수필가)

인간이 태어나 삶의 길을 가는 것은 신비한 일입니다. 70억 인구 중에 내 곁 가까이에 머무르는 인연은 그래서 더 소중합니다. 많은 사람을 만나고 또 멀어져 갔습니다. 처음 만났을 때는 분명 긍정적인 이미지였는데 시간이 지나며 달라 보이는 사람도 있었습니다. 작은 일에 예민하게 반응하고 자신의 의견이 관철되지 않을 때 화부터 냅니다.

자랄 때는 부모님의 지극한 보살핌이 있지만 결국 자신의 이념과 심성에 따라 행, 불행이 결정되는 것 같습니다. 대단한 인맥과 가문을 가졌다 해도 그 생각이 일관적이지 않고 성실하지 못하면 나락으로 떨어집니다. 회자되고 있는 재벌 3세들의 막가파 행동이며 노름, 마약 사건만 보아도 답은 알 수 있습니다.

제가 송암 이범찬 선생님을 처음 뵌 것은 소소리, 글공부 모임에서였습니다. 물론 인품과 덕망에 대해서는 익히 듣고 있었습니다. 직접 뵙게 된 것은 사월애 회원으로 가입한 후부터입니다. 선생님은 처음 뵐 때나 지금이나 한결같습니다. 늘 잔잔한 미소를 머금고, 꼭 하실 말씀만 하십니다. 사람은 사계절을 겪어 보아야 참 모습을 안다고 하지만, 사실 평생 같이한 가족도 내면을 다 알 수는 없습니다. 내가 본 선생님은 외유내강 스타일입니다. 대표작 「원숭이 목각」의 내용처럼 안 듣기, 안 보기, 말 안하기가 깊은 내면에 깔려있습니다. 한국여인의 귀머거리 3년, 벙어리 3년, 소경 3년의 인내심입니다. 그런 마음으로 참고 성실하셨으니 존경받는 것은 당연합니다.

선생님의 문학을 향한 열정은 무한합니다. 미수의 연세에 어찌 그리도 다작을 하시는지 쉼 없이 쓰시고 책을 묶습니다. 수필, 기행문, 시조, 어느 것 하나 처짐이 없는 빼어난 문장들입니다. 수필 「늙마의 외도」 내용처럼 늦게 시작한 만큼 치열합니다. 한번 여쭈어보았더니 마음이 바쁘다고 하셨습니다. 저도 마음은 쫓기는데 글은 잘 써지지 않습니다.

누구의 글이 어떠하다는 표현은 자제하십니다. 한결같은 겸손함으로 써온 작품을 읽고 우리의 합평을 받아들입니다. 가끔 껄껄껄, 소리 내어 웃으실 때가 있습니다. 그러면 세월의 흔적을 비껴간 한 소년이 귀엽게 고개를 내밉니다. 그럴 때 내 마음은 더없이 편안해집니다.

그 관계가 꼭 필요하기 때문에 운명이 찾아와 함께한다는 말을 좋아합니다. 내 무슨 복 하나 있어 존경하는 송암 선생님과 마주 앉아 공부할 수 있는지 감사할 뿐입니다. 가족과 사회와 친구에게서 사랑받으며 산다는 것은 쉬운 일이 아닙니다. 매 순간순간 바른 선택의 결과물이 모인 것입니다.

요즘 들어 사람의 길이란 무엇일까를 생각합니다. 저는 이번 생은 영 글렀습니다. 만약 다시 산다면 좀 더 잘할 수 있을 것 같은데… 하는 부질없는 상상을 합니다. 새삼 선생님이 이룩한 삶의 이력서를 존경하며 부러워합니다.

인자한 법학자

오경자

(국제펜 한국본부 부이사장)

사람들은 여러 가지 편견을 갖기 마련이지만 특히 전공에 따른 그 사람의 성격이나 스타일에 대한 편견은 공통적이고 집단적인 경우가 많은 편이다. 인문계열은 좀 부드러울 것 같고, 자연계열은 좀 딱딱할 것 같은 편견이 그 예라 할 수 있다. 인문계열이라도 법학을 전공한 사람들은 어딘지 따지기 좋아하거나 아주 강한 개성을 지녔을 것 같은 편견을 갖기 쉽다. 그런 생각이 그야말로 편견임을 입증하는 분이 바로 이범찬 선생이시다.

이 선생님을 처음 뵈었을 때 그 인자한 풍모에 놀라웠고, 지나칠 정도의 겸손은 오히려 상대방을 불편하게 할 정도였다고 기억한다. 대학에서 후학을 가르치느라 문학이라는 세계에 입문은 늦게 하셨으나, 세상의 선배이시고 상법학계의 권위이신 노교수님이 마치 오래전부터 알고 있던 분처럼 스스럼없이 대해

주시니 고개가 갸웃거려질 정도였다. 월간 수필문학을 통해 문단에 나왔다는 동인으로서의 관계로 이 선생님과 교유할 수 있게 된 것은 큰 행운이었다고 생각한다.

밀짚모자 눌러 쓰고 논두렁에서 촌로들과 탁주 한 잔 나누며 소탈하게 웃고 계시는 것 같은 선생님은 그냥 자주 뵙고 싶은 분이었다. 작품 또한 따뜻해서 법학자라는 게 믿어지지 않을 정도이다. 이해관계를 다투는 중에서도 상사에 관한 것, 개인의 관계보다도 기업 간의 문제를 가름하는 경우가 더 많을 수도 있는 상법의 세계는 훨씬 더 각박할 수도 있을 것 같다. 그런 것들을 저렇게 따뜻한 시각으로 바라보고 해석하는 안목이라면 이미 그것으로 성공한 상법학자가 될 수밖에 없었으리라는 생각을 해본다.

기행문을 쓰시고 수필집을 엮어 내시고 열심히 몰두하시더니 그것으로도 모자라셨든지 시조에까지 입문하셔서 왕성한 창작에 열중이시다. 그런 선생님께서 어느새 미수를 맞으신다니 얼른 믿어지지 않으면서 건강하심과 젊은이 못지않은 열정에 다시 한 번 고개가 숙여진다.

요즘 미수야 예전의 환갑보다도 이른 나이 같기는 하지만 그래도 건강에 더 유의하셔서 더 많은 작품으로 문단을 풍성하게 해 주시기를 바란다. 인자한 미소로 후배들을 아우르시는 그 넉넉함이 메마른 이 사회를 촉촉하게 적셔 주실 것도 기대해 본다. 부디 행복하시고 오래도록 우리들의 귀감이 되어 주시면 좋겠다.

팔팔(88)에도 여전히 젊은

우희정

(수필가 · 소소리 대표)

선생님과의 인연이 한 편의 영상처럼 떠오른다. 15년 전 내가 편집부장으로 근무하던 『수필문학』을 통해 선생님은 등단을 하셨다. 첫 만남부터 연세와는 상관없이 젊은이 못지않은 열정에 감동한 기억이 새롭다. 얼마 지나지 않아 뉴질랜드와 호주의 문학기행을 함께하면서 또 다른 인간미를 발견한 나는 선생님을 내 나름의 방법으로 좋아하게 되었다.

내가 오래 다니던 직장을 그만두게 되었을 때 선생님과의 인연도 끝인가 했다. 그런데 뜻밖에 연락을 주셔서 가끔 뵙게 되었다.

잠시 휴식을 취한 나는 출판사 '소소리'의 문을 열었다. 오며 가며 들르시던 선생님이 어느 날부터 나보다는 아래층에 있는 상남(尙南: 성춘복) 선생님과 죽이 맞는 모습이었다.

그로부터 우리는 한때 백조를 만나러 팔당댐 근처로, 겨울 철새를 찾아 주남저수지로, 동백꽃을 완상하러 통영으로, 배롱나무에 홀려 울진으로 전국을 좁다고 훑고 다녔다. 운전대만 잡으면 대책 없이 동으로 서로 무모하기까지 한 내가 어디로 가던 선생님은 마냥 느긋한 표정이셨다. 더러는 길을 잃고 헤매고, 더러는 처음 정한 목적지가 도중에 변경되어도 특유의 너털웃음을 터트릴 뿐 도무지 불평불만이 없으셨다. 내가 하는 행동이 마음에 안 드는 부분도 있으련만, 아니 나의 단점까지도 너그럽게 봐 주시는 것 같아 어디로의 동행이든 편하기 그지없었다. 그러니 함께한 외국여행도 열 손가락으로 꼽을 정도다.

바로 몇 해 전 우리는 그야말로 뜻이 통하여 도깨비여행에 도전하기로 했다. 3일 동안 딱 하루 호텔에서 자고 동경 시내를 샅샅이 훑는 것이라 '동경야화'라고도 불리는 이 여행은 주로 젊은이들이 이용하는데 우리 일행 여섯 명은 평균연령 70대 중반이었다. 물론 선생님은 그중 최고연장자셨다.

전철을 이용하여 한 군데라도 더 보려고 하루 종일 발이 부르트도록 종종걸음을 친 뒤 호텔에서 하룻밤 자고, 둘째 날은 늦도록 돌아다니다 온천장에서 밤을 지새운 후 다음날 꼭두새벽에 돌아오는 여정이었다. 힘들었던 만큼 여행의 뒷담화가 무성했지만 선생님만은 그 모든 고생을 승화시켜 두 편의 수필로 발표했으니 제일 실속을 차린 셈이다.

모든 일에 긍정적이고 작은 에피소드 하나라도 허투루 흘려버리지 않고 작품으로 남기는 선생님의 길 떠남은 그래서 알짜

일 수밖에 없다.

어느 해 겨울 북해도에서였다. 아침식사 시간에 자랑을 하신다. 한 방을 쓴 상남 선생님과 새벽산책을 나갔다가 발이 푹푹 빠지는 눈길에서 시조 한 수를 주워 왔다는 것이다. 알고 보니 도야호수를 옆에 두고 걸으며 두 분이 옛적의 문사들처럼 즉흥적으로 시조 한 연(聯)씩을 주거니 받거니 했단다. 이 얼마나 멋진 풍광에 멋진 놀음인가.

선생님의 스무 권 가까운 저서 중에서 몇 권 빼고는 다 내 손을 거쳤으니 나만큼 선생님의 작품을 꼼꼼히 읽은 이도 없을 것 같다. 그중에서 내 입가에 웃음을 머금게 하는 글을 만날 때가 있다. 함께 떠난 여행이건만 나는 글로 남기지 않아 잊고 있다가 선생님의 작품에서 새삼 그때의 추억을 떠올리는 문장을 만나면 내 행복감은 최고조에 달하는 것이다.

올봄, 예외 없이 팔팔(88)에도 여전히 젊으신 선생님과 우리는 일본의 설경을 보러 또 다시 길을 떠났다. 3박 4일의 여정 동안 꼼꼼하고 다정하게 사모님을 챙기는 모습에 내 눈도 덩달아 순해지고 가슴이 따스해졌다. 곱게 늙어가는 노부부의 모범적인 모습만 같아 바라볼수록 그윽하였다.

나는 요즘 부부가 해로(偕老)해야 함을 절실히 느끼고 있다. 바라건대 해암(海巖), 자향(慈香) 두 분께서 함께 만수무강하시기를 간절히 기원한다.

이범찬 교수님과의 50년 인연

이양준

(이대 법정대등산부 초대 대장)

1969년 신학기 초 법정대 교학과장님(이범찬 교수)으로 부터 호출을 당했다. 이태영 학장님 지시로 법정대학에 등산부를 창립해야 하는데 맡아서 준비해 달라고 하신다.

나는 이대등산부 주축멤버로 열심히 등산 활동을 해온 터라 단과대학 학생들로만 구성된 등산부를 만들어 소규모로 산에 다니는 것도 나쁘지 않다고 생각해서 수락을 했다.

법정대 등산부는 이양준(정외과 4학년)을 리더로, 구혜정(정외과 3학년)을 서브리더로 하고, 지도교수는 이범찬 교수님이 맡았다. 매월 정기산행을 하며 여름방학 때 지리산으로 갈 창립기념 산행의 준비에 들어갔다. 장기산행 준비를 위해 청계산과 도봉산에서 캠핑 훈련도 했다.

드디어 지리산 종주 산행계획을 실행하게 되었다. 산악사진

전문가인 한국산악회의 김근원 선생님을 모시고, 공동장비의 짐을 나누어질 수 있는 남학생들도 대원으로 포함시키기로 했다.

서울을 떠난 첫날은 지리산 화엄사 근처의 마을에서 잤다. 아침에 일어나 보니 비가 내리기 시작해서 화엄사 경내를 통과하여 노고단을 향하는 발걸음은 무거웠으나, 오전 중에 비는 멈추었다. 노고단 정상부근에 도착하여 외국 선교사들의 별장 터 가까이에 텐트를 쳤다. 노란색과 파랑색으로 만들어진 근사한 WALL TENT 속에서 해질 무렵 바라본 노고단의 석양과 아침 해돋이의 광경이 아련히 떠오른다.

천왕봉 정상을 오를 때까지 7박 8일간 햇볕이 쨍쨍 내리쬐는 날씨 속에 무사히 산행을 마쳤다. 하산하여 삼천포 '미찌집'에서 짐을 풀고 점심상을 받았다. 산속에서 굶주려 왔는데 싱싱하고 푸짐한 생선회와 깔끔한 반찬이 차려진 맛있는 점심을 이범찬 교수님께서 사주셔서 환성을 지르며 즐겁게 식사했던 기억이 아직도 생생하다.

진주로 내려와서 촉석루 등을 둘러보고 남해로 떠나기 전에, 이번에는 서브리더 구혜정 부모님의 배려로, 진주에서 가장 맛있는 한식집에서 육회가 들어간 진주식 비빔밥을 맛있게 먹었던 기억 또한 잊을 수가 없다.

다음날 남해도 금산 보리암을 올라갔고, 남해 상주해수욕장에서 2일간 또 캠핑을 마치고 무사히 서울로 돌아왔다.

돌이켜 생각해보면 그때 내가 법정대 등산부 초대 대장이란 책임을 무사히 수행할 수 있었던 것은 별 말씀 없이 여학생들을 잘 보살펴 주신 이범찬 교수님이 계셨고, 산행지도 뿐만 아니라 멋진 산행기록사진을 많이 찍어 소중한 추억을 남겨주신 김근원 선생님이 계셨기 때문이란 생각을 지울 수가 없다.

여름산행을 마치고 2학기가 시작된 지 얼마 안 된 9월이다. 운동장에서 단과대학 대항 체육대회가 열렸는데, 8개 단과대학 중 법정대학이 3위였지만, 천막세우기 경기에서 1등을 차지했다. 지리산 등반훈련의 덕을 톡톡히 본 셈이다. 막판뒤집기로 당당히 종합 1위를 차지하여 이태영 학장님을 기쁘게 해드렸던 것을 기억한다.

이태영 학장님께서 등산부 대장이었던 나를 기억하셨는지, 이듬해 경영연구소 조교로 뽑아 주셔서 모교에 35년 6개월이란 긴 세월을 근무할 수 있었다.

내가 여성경영자들을 위한 재교육 프로그램인 '이화여성고위경영자과정'의 교육실무를 담당하면서, 이화여대를 떠나 성균관대학교로 가신 후에도 이범찬 교수님을 계속해서 상법(어음, 수표의 법률관계) 강의에 초빙하였다.

이범찬 교수님과의 인연은 여기서 그치지 않았다. 사모님 김자환 여사께서도 이화여성고위경영자과정을 이수하여 제57기 이영회 회원이 되셨고, 2000년 6월 14일 창립된 '참예술사랑회(이화동창 및 이화가족으로 구성)' 회원으로 참여해 주셨다. 두 분에게 각종 공연예술과 전시회 관람 및 국내외 나들이 행사에 참석을 권하면 기꺼이 오셔서 무수히 많은 시간을 함께 해주심을 널리 자랑하고 싶다.

이범찬 교수님과는 여행도 많이 했다. 국내여행으로는 안동 명문가 종택 탐방, 디딤방 음식체험, 안동지례마을 한옥체험, 울릉도 여행 등. 해외여행으로는 2002년 서울에서 월드컵이 열리던 시기의 백두산(중국 쪽) 종주등정과 연변여행을 비롯해서, 알라스카 크루즈와 카나디안 록키 여행, 터키 여행, 몽골과 바이칼호수 여행, 파카스탄 카라코롬 하이웨이 여행에 이어, 작년 1월의 홋카이도 여행, 금년 1월의 대만 여행 등.

이범찬 교수님께서는 '이양준이 가자는 곳은 지옥 여행이라도 따라 간다'고 하셨는데, 아마도 농담이 아니라 진심일지도 모르겠다.

해암 선생의 미수를 축하드리며

이웅재

(수필문학 상임편집위원장)

…억년(憶年) 비정의 함묵(緘默)에
안으로 안으로만 채찍질하여…
꿈꾸어도 노래하지 않고
두 쪽으로 깨뜨려져도
소리하지 않는 바위가 되리라.

유치환 시백(詩伯)의 「바위」다. 들으면 들을수록, 보면 볼수록 다시 다가서고 다가서고 하는 절창이다. 그러한 바위를 알고 나서부터는 늘 그 바위를 닮고 싶었다. 하지만, 나 같은 속인은 그 근처에도 갈 수가 없었다. 하지만 나는 그 '바위'를 닮은 딱 한 사람을 알고 있다.

그분은 바위 그 자체다. 그래서 호도 송암(松巖)이요, 해암(海巖)이다. 그런데 해암 선생을 알고부터는 바위의 성분은 그저

'억년 함묵'으로만 되어 있지가 않다는 것을 절감했다. 그 속에는 전혀 있을 법하지 않은 것이 하나 있었던 것이다. 그것은, 그것은 바로 '정(情)'이었다. 情으로 뭉친 巖은 단순한 바위를 넘어선다. 情은 눈으로는 볼 수가 없는 것이지만, '너와 나'를 '너와 나'인 채로 지내게 놓아두지 않고, 말 한마디 없이도 '우리'로 묶어주는 힘이 있는 물건이다. 해암 선생에게는 그러한 情이 숨어 있었다. 그것이 이제까지 내가 겪어온 해암 선생이었다.

'오우회(五友會)'에서 만났던 해암 선생, 건강 때문에 좀 더 오래 함께하지 못한 아쉬움이 남지만, 세상사 어느 하나 범접할 수 없을 듯한 해암 선생을 어느 날 부천(富川)의 같은 동인(同人) 중 한 사람의 자녀와 관련된 경사(慶事)에서 만난 적이 있다.

바위는 술을 마시지 않는다. 그런데, 나 거북이는 술고래다. 토끼에게 속은 다음부터 얼마나 화가 나던지 술을 마시기 시작한 것이다. 마시고, 마시고, 마시고…, 그래서 용궁의 술은 동이 났다. 해서 요즘엔 인간세(人間世)로 나와서 술을 마신다.

내 가장 커다란 소원 한 가지, 그건 해암 선생과 일잔하는 일이다. 그러나 참아야했다. 국어사전을 이것저것 다 뒤져도 '주암(酒巖)'이란 말은 없었으니 말이다.

그런데, 피로연(披露宴)에서 해암 선생은 술병을 찾으시더니 내게 일잔을 따르신다. 감지덕지한 거북이도 선생께 일잔을 따르는 답례를 했다. 선생은 그 술을 반 잔이 넘게 드셨다. 그게 바로 해암 선생의 情이었다. 해서 그날 거북이는 인간세의 술 중에서 가장 맛있는 정주(情酒)를 맛보았다. 그 술은 어떤 술보다도 맛이 있었다. 언제 또 해암 선생과 함께 인간세 최고의 맛있는 情酒를 마셔볼 수 있을까?

남은 한마디, 海巖 선생의 미수(米壽), 미수(美壽)를 축하드린다.

기해(己亥)년 재양(載陽)에. 광거(廣居) 이웅재(李雄宰) 삼가 씀.

송암 선생님!

전명주

(중산 · 서예가)

안녕하세요? 미수를 진심으로 축하드립니다. 항상 건강하시고 천수(千壽)를 누리시기를 빕니다.

매달 첫째 일요일, 저희 송천산악회 산행에서 뵈올 때마다 멀리서 오시는 모습이 백학(白鶴)이 사뿐사뿐 걸어오는 것 같았습니다. 동심(童心)이 가득한 해맑은 웃음으로 저희를 반겨주시니 고마웠고요. 어느 때나 송암(松巖) 선생님, 해암(海巖) 선생님 또는 이 교수(李敎授)님으로 불러드릴 때마다 스스럼없고, 편안히 맞아주셨지요.

어언 50여 년 전, 이화여대 법정대학 서예반 지도교수로 계실 때, 우리 송천(松泉) 선생님과 인연을 맺으신 걸로 알고 있습니다. 그 돈독한 우정을 반세기 넘게 이어오고 있으니 관포지교(管鮑之交)의 전형이라 할 수 있겠지요. 송암이란 아호도 松泉 + 海巖의 결합으로 되어있으니 더 설명할 필요도 없겠지요.

이 교수님! 교수님은 호기심 가득한 청년이십니다. 상법학의 대가로서 평생 후학들을 지도하신 것은 물론, 그 바쁜 중에도 수필, 시, 시조뿐만 아니라 문인화, 서예 부문까지 일가(一家)를 이루셨으니, 詩·書·畫 三絶임에 틀림없습니다. 그뿐인가 바둑도 즐기고, 산행도, 세계여행도 겸하니 인생을 유유자적하는 신선(神仙)이십니다. 가끔 보내주시는 새로운 시집, 수필집을 접할 때마다, 끝없는 열정과 풍부한 감성에 경탄을 금치 못합니다. 그 재치, 위트가 넘쳐나는 구절마다 존경심이 절로 납니다.

몇 년 전, 저희를 여주 농장으로 초대해주셨지요. 널따란 바위 위에 굵은 통나무로 지어진 송암정(松巖亭)은 아취가 넘쳐흘렀습니다. 송암관(松巖館)에는 검여(劍如) 선생님, 송천 선생님의 주옥같은 서예작품들이 빼곡하였고, 많은 책장을 문학지와 법학 서적으로 가득 채운 것도 인상적이었습니다. 한적한 여주 벌판의 어느 음식점에서 버섯전골로 점심을 사주셨습니다. 여주 명물이었는지 꿀맛이었습니다.

송암 선생님! 선생님은 오복을 타고나셨습니다. 수(壽), 부(富), 강녕(康寧), 유호덕(攸好德), 고종명(考終命)을 오복이라 하던데, 그 어느 하나 부족함이 없으시니 말입니다. 부디 더욱 건강하시고, 즐겁게 저희와 산행하여 주십시오.

송천산악회 회원(홍연, 화운, 모인당, 유정, 거공, 도원, 기산재, 우암, 청지, 모헌, 일순, 중산) 모두의 사랑과 염원을 한데 모아 거듭 선생님의 미수를 축하드립니다.

신선과 한량 사이에서

조윤정

(수필가)

동에 번쩍, 서에 번쩍 하는 이는 홍길동전에나 나오는 줄 알았다. 몸피 가늘어 선비 말고는 할 일 없어 보이시는 분이 "세계가 넓어서 갈 곳이 많다." 하시면서 발걸음도 가볍게 종횡무진 하늘 길을 다니시기에 법학도이신 게 맞을까? 갸우뚱했다. 고리타분한 법학도라 오로지 법만 따지시나 싶었는데 산천초목에 심취한 심마니처럼 지팡이 짚고 신령님 모습까지 내보이신다.

십 수 년 된 인연이라 여행길에 동행한 횟수도 많았지만 늘 말씀 없으시고 주위에 폐 끼칠까 배려의 갑이시니 그저 단정한 선비이시겠거니 했다. 가끔은 갑론을박하는 작은 혼란에 단호한 결정으로 주변정리도 마무리 해주셔서 동인들의 박수를 받으신다.

그래서 더더구나 법대 교수님의 경력이 빛을 내는 게 아닐까 혼자 고개를 끄덕이고는 했다.

얼마 전에 일본 '아오모리'로 여행을 갔는데 부부가 같이 동참을 하셨다. 나이보다 십년은 젊어 보이시는 두 분의 걸음이 경쾌해서 조금은 젊은 일행들이 숨 가쁘게 쫓아야 했다. 새벽 이른 시간에 욕탕을 다녀오시고 산책에 족욕까지 마치시니 겨우 세수하고 식당으로 내려간 게으름이 부끄러웠다. 그런데 식사를 하는 자리에서 나는 이 교수님의 로맨티스트를 발견하고 '어머나! 다정하셔라.' 감탄을 했다. 반숙 달걀을 곱게 까서 사모님 앞에 놓아드리는 모습이 꼿꼿한 선비의 모습하고는 반대가 아닌가.

그뿐이랴. "잡숫는 거 맛있어 보이는데 저도 좀 갖다 주세요." 하는 아내의 명령에 "그래, 그래." 하면서 벌떡 일어나시는 다정한 신령님. 두 분의 묵은지 같은 정이 따뜻해서 가짜 신령이셨네 혼자 웃었다.

어언 미수시란다.

세월의 강은 유수 같아서 신령은 한량 놀음을 끝내시고 지팡이에 힘을 주셨다.

이제 법학론은 밀쳐두시고 중국의 그 높은 산들과 깊은 계곡을 시조로 읊어 느끼신 감동들 전해 주시는 일에 심취하셨으니 얼마나 또 많은 글 자취를 출간 하시려나 기대를 해본다.

선생님, 건강하세요. 그래서 더 많이 여행하시고, 수필, 시, 시조를 섭렵하신 기개를 보여주세요. 미수를 축하드리면서 신령과 한량의 사이에서 활짝 웃으시는 모습을 이제라도 더 자주 뵙게 되기를 기도 중에 기억하겠습니다.

이범찬 교수님의 미수를 축하드리며

최완진
(한국외국어대학교 법학전문대학원 명예교수)

내가 처음 송암 이범찬 교수님을 만난 것은 약 40년 전인 1980년 4월경으로 기억된다. 나는 1980년 3월 국립 강원대학교 법과대학 상법 전임강사로 발령받아 한국상사법학회 회원으로 가입하고, 처음으로 상사법학회 학술발표 대회에 참석했었다. 그때 뵈온 이범찬 교수님은 전형적인 학자풍모에 매우 온화한 모습이셨다. 그 후, 1988년 4월 한국상사법학회 춘계학술발표 대회가 성균관대학교에서 개최되었는데, 그날 나는 박사학위 논문의 일부였던 '특수사채의 활성화 방안'에 대하여 발표를 하였고, 회장이었던 이 교수님은 당시 매우 시의적절한 주제를 발표했다고 하면서 칭찬과 격려를 아끼지 않으셨던 기억이 생생하다. 지금도 그렇지만 우리 한국상사법학회는 젊은 교수들이 새로 박사학위를 취득하면 발표의 장을 마련하여 학술적 담론을 나누면서 학계에 새로 진입한 신진학자들을 환영하고 격려하는 좋은 전통을 유지하고 있다.

이범찬 선생님께서는 한국상사법학회 제4대 학회장으로 취임하시면서, 전임 학회장님들이 너무 장기집권을 하신 데에 대한 비판을 의식하고, 취임사로 학회장 임기를 2년 단임제로 하겠다는 것, 학술대회를 활성화하고 상사법학회의 위상을 높이며 회원들의 친목 도모에도 힘쓰겠다는 것, 일금 100만원을 회장이 학회비로 특별출연하겠다는 것 등을 말씀하셨던 기억이 생생하다. 선생님께서는 말한 내용을 즉각 실행에 옮기셨다.

1970년대에 상법 분야에서는 몇 권의 서적이 출간되었지만, 당시 필독 수험 서적으로는 이범찬 교수님의 『상법 예해』(상)(하)가 단연 독보적이었다. 선생님의 저서는 간결하면서도 핵심과 논점을 잘 정리하고 있어 학생들에게 인기가 매우 높았다. 또한 선생님께서는 분필 한 자루만을 가지고 강의실에 가셔서 명쾌한 강의를 하신 것으로도 유명하였다. 나는 그때부터 선생님의 저서와 논문을 접하면서 군더더기 없이 핵심적인 내용을 빠짐없이 잘 정리하여 주시는데 대하여 깊은 감명을 받았다.

나는 2010년, 제20대 한국상사법학회 회장으로 취임하였는데, 내가 학회장을 하는 동안에는 학술대회 때마다 원로선배 상법 교수님들을 모셔서 우리 상사법이 발전해온 역사와 상사법학회의 초기의 여러 학술활동에 대하여 좋은 말씀을 듣는 자리를 마련하였다. 이를 통하여 우리 후학들은 상사법학회가 발전해온 소중한 역사와 그동안의 학문적 발자취를 되돌아볼 수 있는 좋은 기회가 되었다고 생각한다.

나는 은사님이나 학계의 선배교수님들을 잘 모시고 예우해 드려야 한다는 것을 평소 생활철학으로 삼고 있다. 나는 회장으로 취임한 후, 매년 새해가 되면 신년하례를 겸하여 역대 상사법학회 회장님들을 모셔서 함께 식사하고 학회의 활동상황에 대한 보고의 자리를 마련하는 행사를 기획하였다. 선생님께서는 이 행사에 한 번도 거르지 않고 참석하시며, 당신이 항상 기다리는 가장 의미 있는 행사라고 말씀하시며 덕담을 해주셨다. 나는 다른 학회에서는 찾아볼 수 없는 우리 상사법학회의 전통적 행사로 원로교수님을 모시는 행사가 지속되고 있어 자부심과 함께 매우 보람 있게 생각하고 있다.

선생님께서는 인자하신 가운데 대인관계에서도 항상 원만함을 잃지 않는 내유외강형의 학자적 풍모를 지니고 계신다. 선생님께서는 퇴임하신 후, 다수의 시집과 수필집과 시조집을 발간하셨고, 월산 문학상과 원종린수필문학상을 수상하시는 등 수필가와 시인으로서 제2의 화려한 인생길을 걷고 계신다. 선생님의 많은 책과 글들은 독자들이 알기 쉽고 편안하게 읽을 수 있을 뿐만 아니라 그 내용도 꾸밈없이 사실적인 내용을 순수하게 가감 없이 담고 있어 독자들의 많은 공감을 자아내고 있다. 특히 올해로 101세가 되신 나의 모친도 이범찬 선생님의 열혈 팬이신데, 어머니께서는 어떻게 딱딱한 상법 교수가 그렇게 쉽고 편안하게 글을 쓰시는지 책을 읽을 때마다 감탄하셨다. 어머니는 선생님이 엮으신 독자의 사연 모음집에 이화여전 가사과 출신의 최고령 독자로 소개되기도 하였다.

선생님과 나와는 또 하나의 각별한 인연이 있다. 이제 고인이 되셨지만 나의 고모님(고려대학교 의과대학 생리학 교수, 95세 별세)과 고모부님(이화여대 영문과 교수, 금란여고 교장, 106세 별세)은 신라호텔에서 결혼 60주년을 기념하는 회혼식을 거행하셨다(2001년). 회혼식은 아무나 할 수 없는 참으로 뜻 깊은 행사로 신라호텔이 생긴 후 처음이라고 들었다. 그런데 그 자리에 이범찬 교수님 내외분이 참석하셨다. 나는 상법 분야의 대선배 교수님이 어떻게 이 자리에 오셨는지 의아해서 선생님께 여쭤보았다. 선생님의 사모님이신 김자환 선생님은 나의 고모님을 지도 교수로 하여 박사학위를 받으셨고, 우리 고모님 댁과는 각별한 관계 속에서 한 가족과 같이 지내 오셨다는 것이다.

송암 이범찬 교수님의 정년퇴임 기념논문집을 봉정할 때 본인도 변변치 못한 논문 한 편을 써드렸는데, 선생님께서는 유명한 작가의 동양화 작품을 답례로 필자들에게 선물해 주셔서 다들 큰 감동을 받은 기억도 있다. 또 하나 생각나는 것은 선생님께서 정년퇴임 기념식 답사에서 하셨던 말씀이다. 정년 퇴임식에서는 주인공이 걸어온 학문의 길에 대해 회고와 덕담을 주고받는 것이 일반적인 관례인데, 그날 선생님께서는 상법 분야에서 쌓은 당신의 학덕과 업적은 생략하시고, 자제들에 대해서 약력과 성품을 말씀하시면서 당일 참석하신 내빈들에게 적당한 배우자감을 추천·소개해달라고 하셔서 다들 크게 웃었던 기억도 생생하다. 선생님의 자제들에 대한 정과 사랑이 얼마나 큰 것인가를 엿볼 수 있는 대목이라 하겠다. 선생님께서는 미수의 연세에 접어드셨지만, 아직도 왕성한 작품 활동과 취미 활동을 통하여 제2의 인생을 멋지고 보람되게 보내고 계신 것으로 생각된다. 선생님께서는 더욱 연부역강하시어 우리 후학들에게 큰 별로 남아 우리의 앞길을 잘 인도해 주실 것으로 믿는다.

구원(久遠)의 나침반

– 송암(松巖) 선생의 미수에 부쳐

최의동
(南村 · 전 연천 군수)

그처럼 담백하시던 선생님
하나하나 가득 채우신 곳
큰 뜻 품고 헤쳐 가도록
가꾸어 주신 언어들
그 전당 꽃 피우며 가르침의 나침반
영원히 제자 사랑으로
밝혀주신 선생님이십니다.

종착역 멈춤에서
문화 창달의 선봉자로
올곧은 참사랑을
씨 뿌리신 문예 중흥

사회의 지도자로
분주한 시간들….

가르침의 선봉자
나눔의 봉사자
새싹 돋는 언저리 잡고
햇살 같은 고운 정성
보듬고 가르치며
미소 짓는 선생님
밝아오는 태양처럼
찬란한 그 빛 영원하리.

큰 나무 그늘은 깊다

- 이범찬 선생님의 그늘

최종월
(시인)

조용한 목소리와 환한 미소가 먼저 떠오른다. 책상 앞에 앉으셔서 시를, 시조를, 수필을 쓰고 계시는 원로 작가의 고요한 분위기를 떠올린다. 선생님의 미소는 사람을 편안하게 해주시고 무슨 얘기든 촐랑거리며 떠들어도 그저 받아주실 것만 같다. 또 그러하셨다.

혜화동 문학시대 사무실에서 뵌 지도 10년이 가까워진다. 사무실에 들어서면 조용하면서 환하게 웃으시는 선생님을 뵐 수 있었다. 사무실이 든든하게 채워지는 느낌을 주시는 선생님이시다. 조용한 미소로 주변을 밝혀주시는 것은 연륜일까? 아니면 인품일까? 문학을 사랑하시는 선생님의 삶의 향기일까? 나도 그러고 싶다는 욕심을 가져본다. 시간이 흐른다고 그렇게 되지 않는다는 걸 안다. 은은한 난의 향기 같은 것으로 내 있는 자리에서 곁으로 전하고 싶다는 것은 희망 사항일 뿐임을 알고 있다.

시조와 시, 수필까지 두루 창작하시는 선생님의 문학에 대한 열정에 고개를 숙이게 된다. 언젠가 기행 수필집을 출판하신 선생님께 "긴 여행 중에 어찌 이렇게 상세하게 기록을 남겨 작품으로 완성하실 수 있을까요?" 여쭈었을 때 선생님의 답을 듣고 많이 부끄러웠던 기억이 난다.

"메모해둔 것들을 집에 와서 펼쳐 놓고 보름이 지나기 전에는 하나하나 다시 기억을 되살리며 정리를 해야지. 아니면 기억에서 놓치게 되니까."

보름 전에는 정리가 되어야 한다는 말씀이 가슴에 꽂혔다. 바로 나의 게으름을 찔러주셨기 때문이다.

글을 쓴다는 것은 자신과의 싸움이란 걸 선생님께서 다시 일깨워주신 거다. 보름 전에 정리하지 않으면 잃어버린다는 말씀. 그만큼 집중과 열성이 뒤따라야 한 편의 문학작품으로 독자들 앞에 모습을 드러내는데, 머릿속에 가슴에 이리저리 쟁여두고 있다가 놓쳐버리는 것들이 얼마나 많은가. 열의란 마음만으로 성립되는 것이 아니라 실천에 옮겨져야 비로소 모습을 드러내는 것이란 걸 배웠지만 지금도 따르지 못하고 있다. 그래서 선생님을 뵐 때면 다시 떠올리곤 한다.

시집 출판을 위해 명륜동으로 옮겨진 새 사무실에 드나들던 어느 날, 문을 열고 들어서니 성춘복 선생님과 나란히 앉아계신 선생님을 뵙게 되었다. 문학시대 사무실이 명륜동으로 옮긴 뒤에는 예전처럼 모임에서 자주 뵐 수가 없었던 터라 무척 반가웠다. 두 분 선생님께 인사를 드리고 자리에 앉자, "오늘은 보고 싶던 사람도 만나게 되었네." 선생님께서도 환하게 웃으시며 반겨주셨다. 선생님의 그 말씀이 오래도록 나를 기쁘게 한다. 늘 조심스럽게 뵙는 선생님께서 하시는 그 말씀은 나에게 또 교훈을 던져주셨다. 사람과 사람과의 관계, 연결고리에서 푸근하게 품어주시는 말씀이셨기 때문이다. 나는 성선설을 믿는다. 세상에는 좋은 사람들이 더 많다. 예외는 아주 소수다. 본성이 착한 수많은 사람들 속에서 내가 살고 있으면서 그들을 이리 푸근하게 품으며 관계를 맺고 있는가? 나 자신에게 던지는 질문이다. 지금도 잊지 않고 있는 말씀이다.

그날 선생님께서 건강과 관련된 말씀을 들려주셨다. 그리고 이젠 정리하는 심정으로 하나둘 지난날들을 글로 담아 놓으려 한다고 말씀하셨다. 연륜과 건강 등으로 많이 약해지셨지만 상대적으로 글에 대한 열의는 뜨거우셨다.

"힘겨운 발걸음을 옮긴다. 앞만 보고 달려오다 보니 어느 결에 미수의 산마루터기에 다가왔다."

2019년 올봄에 출간하신 시조집 『산마루를 오르며』 머리말에서 하신 말씀이다. 시조집 제목의 의미를 생각해 보게 된다.

들판 길 끝도 없고 팔다리는 천근만근
저녁노을 한껏 붉어 발걸음 재촉하니
길손은 마음 비우려 큰 한숨 토해내네.

- 이범찬 시조 「길손의 한숨」

아직 힘 내셔도 될 젊음이라고, 저녁노을 오래도록 붉게 창밖을 물들게 할 터이고, 선생님께서는 책상 앞에 앉으셔서 짧아도 20년은 더 글을 쓰고 계실 거라고 말씀드리고 싶다. 허허 웃으시는 모습을 떠올리면서.

선생님, 지금의 자리에서 오래도록 뵙고 싶습니다.

5.

명륜골 추억

한일상사법교류의 기틀을 마련하셨다!

고평석

(경남대학교 법학과 교수)

해암 이범찬 교수님이 어느새 미수를 맞이하셨다니 참으로 세월이 쏜살같다는 느낌을 실감하게 된다. 내가 처음 선생님과 인연을 맺은 것은 1984년 성균관대 박사과정 진학을 위해 인사차 대학을 방문했을 때이니까 35년의 세월이 흐른 셈이다. 그 당시 사법시험을 준비하는 학생이라면 선생님이 집필한 상법예해 상. 하권은 필독서였으니, 선생님 밑에서 공부하는 것은 영광이었다.

박사과정에 공부하는 중에는 원생들이 선생님의 자택을 방문할 수 있는 친근함도 보여주셔서 따뜻한 대화도 많이 나누었다. 소아과 의사이신 사모님과 서울 양재동 큰 저택에서 화목하게 사시는 모습을 보면서 늘 부러움을 사게 하는 은사님이셨다.

나는 해암 선생님의 지도를 받아 89년 8월에 성대에서 박사학위를 받고, 학위논문에서 참고문헌으로 많이 인용했던 니시지마 교수님의 초청을 받아, 90년 4월에 호세이대학 객원연구원으로 1년간 동경에 갔었다. 이때 와세다대학 박사과정 유학생인 왕순모 선생의 도움으로 그의 지도교수인 사까마끼 교수와도 가까이 교류하게 되었다.

나는 왕선생과 협의하여 서로 박사과정 지도교수 간의 교류를 통해 한일 간의 회사법교류로 발전시켜나가기로 했다. 해암 선생님을 와세다대학으로 초청하여 회사법세미나를 개최함으로써 한일 회사법교류의 가교역할을 하였고, 해암 선생님과 사까마끼 교수님이 친근한 사이로 발전하는 계기가 되었다.

사까마끼 교수님은 일본의 회사법 권위자이신데, 미식가로도 유명하셔서 해암 선생님, 왕 선생과 함께 수천 평의 정원을 가진 동경의 유명한 궁정식 요리집에 초대하여 국빈급 대접을 받은 것은 평생 잊을 수 없는 추억이다.

그 다음 해에는 우리도 답례하는 의미로 사까마끼 교수님을 성균관대학으로 초청하여 해암 선생님 제자 박사과정 원생들과 함께 회사법 세미나를 하고, 한국의 전통미를 보이면서 서울의 고급 맛집으로 알려진 삼청각에서 품격 있는 만찬을 대접하였던 기억이 아직도 생생하게 떠오른다.

그 이후로는 해암 선생님이 한국상사법학회 회장으로서 학회 차원에서 한일상사법 세미나를 몇 차례 지속하면서 본격적인 한일상사법교류의 기틀을 마련하셨다. 그러한 연유로 성대를 퇴임하자 나고야경제대학에서 전임교수로 10년간을 봉직하며 한일 상사법의 교류에 크게 공헌하셨다.

돌이켜보면, 선생님과는 남다른 인연도 가지고 있다. 우리 경남대학에 상법교수로 봉직할 수 있도록 김지환 교수를 추천해 주셨고, 그 인연으로 남도 마산까지 두세 번 우리 지역을 방문하여 거제도 여행도 하고, 우리 선화농원에서 사모님과 숙박하며 창원 농장의 정서를 나누기도 했으며, 내가 노후에 정착할 함안군 여항산 자락 서북산농원도 방문하여 '아라가야의 꿈'이라는 시작을 증정해주시기도 하였다.

선생님은 대학의 강의를 마무리한 이후에도 멋진 삶을 살고 계시다. 타고난 재능으로 문학에 입문하여 수필, 시, 시조를 섭렵하며 여러 권의 저작물을 열정적으로 출간하시니, 우리 제자들이 도저히 따라 할 수 없는 모범을 보이신다. 부디 지금의 건강을 그대로 오래오래 누리시며 행복하시기를 기원해드린다.

해암 선생님과의 추억

김순석

(전남대학교 법학전문대학원 원장)

해암 이범찬 선생님의 미수를 진심으로 축하드리면서 선생님과 같이 했던 추억을 더듬어보고자 한다.

선생님은 학부시절부터 박사과정까지 필자를 지도해 주셨고, 결혼식 주례까지 맡아주셨다. 그 후에도 계속 가르침을 주고 계시니 평생의 스승님이시다. 돌이켜 보면 선생님의 가르침이 필자의 생활 구석구석에 자연스럽게 배어들었다는 생각을 하게 된다.

선생님께 가르침을 받을 때 잘못하면 "에이 엉터리~"라고 야단치셨고, 더 잘못하면 눈에 힘을 주시던 모습을 종종 뵐 수 있었는데, 그땐 제자들이 모두 긴장했던 기억이 생생하다. 그런 엄격한 가르침이 제자들을 성장시킨 반석이 되었다고 생각한다.

필자가 30대 후반에 교수가 되어서 찾아뵈었을 때 누구보다도 기뻐하시면서 열심히 하라고 격려해주셨다. 우선 선생님은 글을 쓸 때 항상 자신이 소화해서 자신만의 언어로 표현하라고 강조하셨다. 그리고 선생님 스스로도 어려운 법리를 항상 간결하고 쉽게 표현하셨다. 이러한 선생님의 글쓰기 지침을 지키려고 평생 노력하고 있지만 여전히 글 쓰는 작업은 어렵기만 하다.

또한 선생님은 매사에 귀찮은 일일수록 빨리 하고 잊어버리라고 하셨다. 이는 일상생활에서 스트레스를 줄이는 매우 현명한 방법이니, 한꺼번에 많은 일을 해야 할 때 특히 요긴한 가르침이다.

미리 미리 준비하라는 가르침은 필자가 가장 잘 지키지 못하는 항목이다. 선생님은 행사를 할 때마다 30분 전에 나오시니, 항상 일행 중 가장 먼저 도착하셨다. 이번 미수 기념문집 원고도 1년 전에 벌써 준비하시는 것을 보면 선생님의 준비성은 가히 전설적이다. 바쁜 일정이 겹칠 때마다 미리 미리 준비하라는 가르침이 새삼 실감난다.

선생님은 은퇴 후에도 모범적인 삶을 보여주신다. 정년이 가까워져 가는 필자도 은퇴 후의 삶에 대해서 관심을 갖게 된다. 선생님께서는 성균관대학에서 정년퇴직을 하시자 일본 나고야경제대학으로 자리를 옮겨 만 10년을 봉직하셨다. 그동안에도 서너 권의 법률서적을 출간하셨고, 한편으로는 수필가와 시인으로 등단하시어, 거의 20권에 가까운 문집을 발간하면서 창작열을 불태우고 계시다. 이러한 창작에 대한 열정이야말로 선생님의 삶을 건강하게 지탱해 주는 커다란 버팀목으로 보인다.

선생님의 미수를 다시 한 번 진심으로 축하드리며, 벌써 다음 수필집이 기대 된다. 백세시대에 걸맞게 팔팔한 노을녘을 즐기시기를 손 모아 기원한다.

작은 거목 이범찬 교수님

- 미수를 축하드리며

김승범

(에이콤주식회사 대표이사)

1993. 봄

대학원 석사과정 수업은 교수님 연구실에서 진행되었다. 당시 공인회계사 및 세무사용 교재였던 교수님의 저서 「상법요해」 교정을 겸해 새로운 문제를 만들어 제출하였다. 대학에서 배웠던 상법의 기본지식을 점검하고 출제 가능한 문제를 만들어보는 새로운 경험이었다. 베스트셀러였던 수험서의 개정판 머리말에 교수님의 감사 글과 더불어 내 이름 석 자가 찍히는 기쁨은 마치 내가 상사법의 대단한 전문가라도 된 느낌이었다.

교수님의 첫 인상은 단아하시면서 꼿꼿한 전형적인 경기도 양반 샌님이었다. 온화하신 미소와 음성, 그리고 간간이 시원하게 터트리시는 웃음은 '나이 듦'의 새로운 전형을 보여주셨던 작은 거목이셨다.

1998. 여름

성균관대학교 대학원 석사과정 졸업 후 교수님의 추천으로 한국상장회사협의회에 입사하게 되었다. 교수님께서는 상장협의 설립 때부터 상사법 자문위원으로 오랜 기간 활동하시었고, 상사실무의 최 일선에서 실사구시의 학풍을 정립하셨다.

어느 저녁 양재동 댁 근처의 호프집에서 교수님댁 출입을 할 수 있게 허락해주셨고, 교수님께서 가장 아끼시던 원숭이 목각 인형을 가까이에서 볼 수 있는 특혜를 누리게 되었다.

아뿔싸! 세상 일이 호사다마라고 하였던가? 교수님의 깊으신 사랑과 배려가 내 자신의 부족함으로 꼬이게 되었던 마음의 빚을 어떻게 갚아야 할지. 교수님의 낭패감을 생각하면 지금도 먹먹해지는 이 느낌을 어찌해야 할지 모르겠다.

2018. 겨울

교수님께서는 퇴직 이후 일본 나고야경제대학 교수로 재직하시면서 평생에 걸쳐 쌓으신 귀중한 자산들을 일본 교수님들과의 국제교류를 통하여 한중일 상사법의 비교연구 및 국내 상사법학의 외연확장에 애쓰셨다.

2004년을 마지막으로 2006년 이후부터는 평생의 전공인 법학을 뒤로하신 채 전혀 새로운 문인의 길로 들어섰다. 문학시대로 등단 이후 원종린 수필문학상, 월산문학상을 수상하고, 대한민국서예문인화대전 입선까지 노후의 삶을 적극적으로 개척하시면서 인생 후반부의 삶을 어떻게 살아가야 하는지에 대해 모범을 보여주셨다.

교수님! 이 기회를 빌려 다시 한 번 감사의 말씀을 올립니다. 교수님과 인연을 맺을 수 있어서 정말 좋았고, 제 자신이 어리고 부족했던 인생의 중요한 시기에 좋은 말씀으로 제 삶에 큰 힘을 보태주셔서 감사드립니다.

선생님께서 베풀어 주신 사랑 앞으로 살아가면서 저도 잘 이어가겠습니다.

내 인생의 지도교수

김지환
(경남대학교 법학과 교수)

송암 이범찬 선생님은 박사학위과정의 지도교수이시다. 그러나 현재는 내 인생의 지도교수이시다. 지난 일을 회상하며 그 긴 시간의 이야기를 간추려보련다.

선생님과의 첫 만남

나는 성균관대학교 재학 시절 선생님의 상법총론을 수강하였다. 그 당시 선생님은 얼굴이 약간 검었고, 양복을 수수하게 입으셔서 그런지 건강하면서도 친밀한 느낌이 들었다. 선생님은 긴 분필 하나를 들고 들어오시면, 그날 강의내용을 일목요연하고 이해하기 쉽게 설명을 하셨다. 얼마나 수업이 재미있었던지 나뿐만 아니라 같이 수강하던 친구들은 경쟁하듯 수업 내용을 재잘거리며 서로 잘난 체했다.

진로 고민

나는 2학년 겨울방학 때 심각한 진로 고민에 빠졌다. 나는 두 번 입학하였다. 처음에는 영어영문학과에 4년간의 퇴계장학생으로 입학했으나 곧바로 자퇴하였고, 군 제대 후 사법고시 합격을 목표로 법학과에 다시 입학하였다. 그랬던 내가 사법고시에 회의를 품게 되었다. 오히려 학계가 더 매력적으로 보였다. 무엇보다 내 성격에 더 적합할 것 같다는 생각이 들었다.

지도교수의 결정

석사과정에서 전공으로 상법을 선택하였다. 그 이유는 단지 학부 시절 선생님 강의에 매료된 까닭이었다.

박사과정 1학기 종강시간에 선생님은 “나는 정년이 다 되어가서 이제 더 이상 제자를 받지 않는다.”고 말씀을 하셨다. 나는 뜻하지 않은 말씀에 놀랐다. 여름방학 내내 고민에 고민을 거듭하였다. 그리고 결심하였다. 만약 선생님께서 제자로 받아주시면 계속 박사과정을 다닐 것이고, 그렇지 않으면 그만 두고 또 다른 인생을 찾아 봐야겠다고.

9월 개강 후 어느 날 찾아뵈니 선생님은 처음에는 완강히 거절하셨다. 학교 규칙상 정년 이후에 지도교수로 논문심사를 할 수 없을 것 같다는 점과 힘이 있고 젊은 현역 교수가 나를 더 도와줄 수 있겠다는 점이었다. 나는 선생님이 좋아서 상법을 선택하였기 때문에 다른 요소는 생각하지 않는다고 말씀드렸다. 나는 곧바로 규정을 확인한 후 선생님으로부터 최종 승낙을 받아내었다. 선생님의 승낙이 내게는 소중한 인생의 기회를 바꾸지 않게 해주었고, 계획한 항로도 그대로 갈 수 있게 해주었다.

연구실 열쇠

2학기 겨울방학 때 어느 날 선생님이 전화를 주셨다. 오육환 변호사와 저녁을 먹기로 약속했는데, 참석하라신다. 그 자리에서 내게 연구실 열쇠를 맡기겠다고 하셨다. 그 기쁨과 놀라움을 지금도 잊을 수가 없다.

그때를 되돌아보면 나는 모든 게 서툴렀다. 선생님은 '무의결권우선주'가 법적으로 문제가 많으니, 그에 대한 논문을 써보라 하셨다. 나는 열심히 써서 제출하였으나 한동안 말씀이 없었다. 얼마 후 선생님은 머리가 어지러울 정도로 이리저리 수정한 원고를 내게 주시고, 고친 대로 다시 정리해 오라고 하면서 작문 실력이 엉망이라 하신다. 나는 열심히 작성했는데, 뜻밖에 꾸지람을 들은 것이다. 열심히 보정해서 다시 제출하였다. 선생님은 또 몇 개월 후에 또다시 수정하신 원고를 주시면서 고쳐오라 하신다. 그러기를 여러 번에 걸쳐 반복하였다. 그때마다 선생님은 내게 어떻게 원고가 고쳐졌는지 잘 보고 공부하라 하셨다. 나중에 보니 애초에 내가 쓴 문장은 거의 남아 있지 않았고, 논리 전개와 체계도 다 바뀌었다. 그러나 그 단 한 편의 논문 수정작업과정이 현재 내가 논문을 체계적으로 쓸 수 있게 하는 능력을 길러준 것임을 그 이후에야 깨달았다. 박사학위논문 심사 때 또 얼마나 많은 지적을 받아야 할지 걱정이 태산이었다. 그런데 웬걸, 거의 지적받지 않았다. 오히려 종심이 끝난 후 박상조 교수님께서 문장이 좋다는 칭찬도 해주셨다.

선생님의 사랑

박사학위를 받고 일본 동경대학에 공부하러 갔다. 경제적으로 어려웠던 나는 무척 고전하였다. 선생님은 아오모리 현(青森縣)의 모리(盛 力三)씨 방문을 하시면서 동경에도 들러 가겠다고 메일을 보내셨다. 동경에 오신 선생님의 손에는 막된장과 김 등 먹거리가 들려 있었다. 저녁에는 동경대학에서의 생활과 상법 이야기로 재미있는 시간을 보냈다. 나로선 일본에서 가장 힘들었던 시기에 선생님이 방문해 주신 덕에 몇 달간은 향수병을 잊고 연구에만 열중할 수 있었다.

인생의 어버이

내가 고3 초기에 부친이 59세의 나이로 돌아가셨기 때문에, 나는 60세까지 살 수 있을까 하는 걱정을 하면서 산다. 그런데 선생님의 건강하신 모습과 여러 활동상을 보면서 "나도 선생님만큼 오래 살 수 있겠구나."고 안심을 하게 된다. 또 정년퇴직 후의 삶에 대한 해답을 얻는다. 되돌아보면 선생님은 처음 만난 때부터 내 인생의 지도교수이자 어버이시다. 항상 내 마음의 북극성처럼 든든히 옆에 계신다.

은사님이 기다리고 계십니다

서완석

(가천대학교 법과대학 교수)

정확히 그날 내가 무슨 일을 하고 있었는지 기억이 나지 않지만 분명히 보직과 관련된 일로 무척 바쁜 날이었을 것이다. 법과대학 행정실에서 "은사님이 기다리고 계십니다."라는 전화가 걸려왔다. 순간 수많은 은사님들의 얼굴과 존함이 머리를 스쳐갔다. 초등학교 시절, 우리 집에 가정방문을 오셨다가 변변한 책상 하나도 없이 엎드려 공부하고 있던 나를 보시고, 학교에 남아있던 헌 책상을 고쳐 페인트칠까지 해서 어깨에 걸쳐 메고 오셨던 고종석 선생님, 고등학교 시절, 누이가 모처럼 김치 반찬만으로 도시락을 싸주었는데 너무 배가 고파 점심시간을 기다리지 못하고 먹었다가 그런 것 하나 참지 못하느냐고 뺨을 때리셨다가 미안하셨던지 인천 수도국산 꼭대기의 자취집을 찾아 와 울고 가신 후 그동안 밀린 1-3기분 등록금을 모두 내주셨던 한현수 선생님, 박사학위를 받기까지 헌신적으로 지도해주신 임홍근 교수님 등등, 내게는 수많은 은사님들이 계신다. 그중에 이미 돌아가신 한현수 선생님은 아니실 테고 도대체 어떤 분이실까? 종종걸음으로 달려가 행정실 문을 열었다. '서학장' 하고 부르시며 활짝 웃으시는 분은 이범찬 교수님이셨다. 여전히 깔끔하고 지성미가 뚝뚝 흐르셨다. 너무나 반가웠다. 모처럼 가천대학교에서 문인들이 모이는 행사가 있었던 것으로 기억한다.

대학 시절 선생님은 쉽게 접근하기 어려운 '아우라'가 있으셨다. 아우라는 독일의 철학가 발터 베냐민의 예술이론에서 사용된 미학용어로서 '신체에서 발산되는 보이지 않는 기나 은은한 향기 혹은 사람이나 물건을 에워싸고 있는 고유의 분위기'를 일컫는 말이다. 쉽게 말하면 '흉내낼 수 없는 고고한 분위기'라고 한다. 그러다 보니 선생님께 다가가기가 어렵고 가까이 있다 보면 움츠러들기 일쑤였다. 그런 기분은 대학원생 시절을 거치면서 조금 누그러졌고 지금은 많이 편해졌다. 예사롭지 않은 필력을 가지고 계신 줄은 익히 알고 있었지만 어느 날 수필가로 변신하신 모습은 완전히 다른 모습이셨다. 대단한 필력을 가지셔서 저술한 책마다 낙양의 지가를 올렸다는 평을 들으셨고, 서예나 문인화에도 조예가 깊으시다. 그러다 보니 선생님의 냄새는 그윽한 묵향인 듯, 오래된 서재에서 나는 책 향기인 듯 아주 묘한 냄새다. 양복을 입으신 모습은 세련된 영국신사인 듯, 모시옷을 입으신 모습은 영락없는 조선시대 선비인 듯 그저 멋있다는 말 외에 떠오르는 말이 없다. 후각은 생명체의 가장 오래된 감각이며 어류에서 포유류에 이르기까지 생명체의 감각기관에서 가장 중요한 역할을 하는 경우가 많고, 감정과 기억을 담당하는 대뇌변연계에 연결되어 감정이나 기억에도 영향을 미치는데, 냄새를 통해 옛 추억을 떠올리는 '프루스트 현상'도 여기에서 기인한다고 한다. 또한 보통 사람이 감각기관을 통해서 획득하는 정보의 80%이상이 시각을 통해서 얻어진다고 하니 오감 중에서 가장 중요한 감각을 꼽으라고 하면 대부분의 사람들은 시각을 꼽을 것이다. 선생님은 내 오감 중 가장 중요하다고 할 수 있는 시각과 후각을 그렇게 지배하고 계신다.

선생님께서는 저술하신 책이 나올 때마다 겉 포장지에 친필로 주소 등을 써서 보내주신다. 나는 선생님의 냄새를, 글씨를 기억하기 위해 그 포장지를 소중히 간직하고 있다. "은사님께서 기다리고 계십니다."라는 전화를 받았을 때 나는 선생님의 냄새와 모습을 떠올리지 못했다. 그러나 "이범찬 교수님께서 기다리고 계십니다."라는 전화를 받았더라면 나는 영락없이 선생님의 모습과 냄새를 기억해냈을 것이다. 오래 오래 건강하시기를 간절히 기도드린다.

홍도의 갯바위

양동석

(조선대학교 명예교수)

선생님께서 미수(米壽)를 맞게 되신다니 지난날의 은혜를 망각하고 지내고 있는 불민함 때문에 송구스러운 마음을 감추지 못하겠습니다. 이제 기력도 많이 떨어지고 눈도 침침해지셨겠지요. 식욕도 여전하지 못하실 것이고, 무엇인가 하고 싶은 것이 있지만 막상 마주하고 나면 의욕도 흥미도 없어져서 그저 그렇게 시간만 보내시는 경우도 종종 있으시리라 생각됩니다.

20년도 훨씬 더 지난 어느 봄날, 선생님과 사모님, 그리고 교토의 시무라 선생님 내외분을 모시고 바닷길을 달려 홍도에 다녀온 기억이 납니다. 우리 모두는 혹독한 뱃멀미 때문에 고통스러워했는데 선생님께서만 목포항부터 파도를 즐기며 항해를 만끽하셨습니다. 그때 바다에서 올려다본 홍도의 풍광은 정말 아름다웠고, 지금까지도 생생하게 기억이 납니다. 파도에 씻겨나간 바위는 기암이고 바람에 닳은 섬 모퉁이는 괴석이 되어 우뚝 서 있었으니까요. 그 위에 서 있는 푸른 소나무들은 무진장한 우주의 생명력이 아니었겠습니까.

선생님의 얼굴에는 어린아이처럼 즐거운 빛이 역력했고, 연이어 감탄사를 흘려내시었지요. "내 호가 海巖인데 너무 멋진 갯바위야!" 하시는 말씀을 듣고, 선생님의 호가 너무 멋지고 홍도와 정말 잘 어울린다고 생각했었습니다. 선생님께서는 우리나라의 상사법 분야를 선도하셨으며, 훌륭한 기업문화 창달을 위하여 크게 기여해 오셨습니다. 개인적으로도 너무 당당하고 부족함이 전혀 없으신 분이 호를 갯바위에 비유하여 지으셨으니 아둔한 제자로서는 여러 가지의 상상을 하지 않을 수 없었습니다.

어려운 시대를 살아 오시면서도 꿋꿋하게 학자로서의 길을 걸어오신 상황이 풍파에 씻겨나간 시련과 아픔을 연상시키는 호를 짓게 하셨을 것이라고 생각하였습니다. 그러면서도 홍도를 장엄하게 단장하는 갯바위의 의미를 우리에게 남겨주시는 것이라고 생각하였습니다. 그 이후 저는 바다 가에서 바위를 볼 때마다 늘 선생님을 생각합니다. 그러다가 이제는 산에 있는 멋진 바위를 볼 때도 선생님을 생각하며 바위의 의미를 새깁니다.

우리는 어디에서 무엇을 하고 있던지 바위처럼 우뚝 서 있는 선생님의 모습을 기억할 것입니다. 어떤 풍파에도 흔들리지 않고, 어떤 유혹에도 한눈을 팔지 않으며, 해암처럼 세상을 장엄하게 단장하는 삶을 살아 갈 것입니다. 머리 위에 소나무를 이고 그 뿌리에게 가슴을 내어주면서도 선생님께서 걸어오신 길을 걸을 것입니다.

선생님, 세상에 난 것은 영원히 머무르는 것 같지만 언제인가는 곧 사라진다는 생주이멸(生住異滅)의 이치나, 해암과 소나무가 어우러져야만 아름다움을 만들어 낼 수 있다는 자연의 법칙을 이해하면서 정성을 다해 살아가고 있습니다. 내 마음에 집착과 탐욕이 여전하다면 영원한 이고득락(離苦得樂)은 불가능하고, 세간의 명리나 공경으로는 절대로 최후의 즐거움을 얻을 수 없다는 것을 알아가고 있습니다. 봄철에 살며시 고개를 들어 올리는 새싹이 거목으로 커나가듯 내면의 낮은 소리가 세상에 울려 퍼질 수 있도록 정성스럽게 살아가렵니다.

선생님, 몇 번이고 고개 숙여 감사한 마음을 표현한다고 해도 받은 은혜에 비하면 턱없이 부족할 것 같습니다. 부디 정신도 신체도 강건하게 유지하시어 백세의 즐거움을 누리시고 지금처럼 제자들의 앞길을 밝혀 주시는 등불이 되어 주십시오.

해암 선생님과 나

오욱환

(전 서울변호사회 회장)

간결한 강의 덕에 선생님 강의는 설명이 길지 않은 것이 특징이다. 요체를 확실히 잡아 분명한 어투로 전달하셨다. 강의 내용에 더하고 뺄 것이 없었다. 이는 훗날 사법시험장에 가서 빛을 발한 셈이다. 별도로 시험공부를 안 했어도 상법 점수가 좋았던 것은 오로지 선생님의 강의 덕분이었던 듯싶다.

지도교수로서의 인연

나는 처음에는 박길준 교수님을 지도교수로 신청했다. 그런데 몇 달 후 박 교수님이 연세대로 전근하셔서, 자연스럽게 이범찬 선생님이 내 지도교수가 되셨다.

사법시험에 합격된 기분에 들떠 어영부영지내다 사법연수원 1년차에 결혼을 하게 되었고, 선생님께서 주례를 서주셨다.

세상 무서운 줄 모르고 살다가 군대에 가게 되었다. 그때 육사 교관으로 가 있던 동기생 강민구(부산지방법원장 역임)가 육사교관을 지원해 보라고 권했다. 그러나 석사학위 소지가 자격요건이란다. 논문을 쓸 생각도 못하고 있었는데, 서둘러서 '보통거래약관에 관한 연구'란 논문을 쓰게 되었다. 물론 지도교수는 이범찬 선생님, 그리고 나는 육사교수부로 발령을 받았다.

진인사대천명

한때 국회의원 출마를 생각했던 적이 있다. 장을병 총장님이 꼬마민주당 총재를 하시던 시절이었다. 장 총장님은 학교와 동창회의 일에 내가 열심이었던 점을 좋게 평가하시고 정치를 해보길 권하셨고, 나는 고마운 마음에 즉석에서 답을 하였다. 그리고는 선생님께 그 말씀을 드렸는데, 며칠 뒤 선생님은 '盡人事待天命'이라고 쓰인 휘호를 액자에 담아서 몸소 가져오셨다. 당대 최고 명필인 송천 정하건 선생의 글씨였다.

얼마 후 자기를 죽이고 가라는 마누라를 이기지 못하여 정치에의 꿈을 접게 되었다. 후회는 안하지만 아쉽기는 하다. 선생님의 기대에 부응하지 못한 게 죄송하기도 하고, 나를 사랑해주신 장을병 선생님께도 죄송한 마음을 지울 수 없다.

최초의 일본 여행

박사학위논문을 준비하던 1995년 12월이다. 선생님은 석박사과정의 학생들을 인솔하고 일본 교토에 가셨다. 학생들은 대부분이 첫 여행이었으니, 모두들 들떴다. 우리들은 찾아야 할 자료 목록을 작성하여 일본 학생에게 부탁하고, 관광을 했다. 그 고마운 사람이 다끼 세이이치로(多木誠一郎)군이다.

귀국을 하루 앞둔 날 밤에 갑자기 엄청난 양의 눈이 내렸다. 아무래도 비행기가 뜨지 못할지도 모른다는 말이 돌았는데, 학생들은 모두 "잘됐다. 하루 더 있다 가면 되지, 뭐." 하며 즐기는 분위기였고, 그때 선생님의 안색이 지금도 눈에 선한데, 웃음이 절로 난다. 지금도 나는 가끔 선생님과 그 일을 회상하곤 하는데, 잊지 못할 추억이 되었다.

여정(旅情)

선생님과는 일본 여행을 여러 번 함께했다. 백구(白鷗)대학의 이시다 미찌루(石田 滿) 선생의 별장에 가서 알버타(Alberta)산 소고기를 맛있게 먹기도 하고, 리쯔메이칸(立命館)대학에 가서 스에까와 히로시(末川博) 선생의 훈화가 담긴 시끼시(色紙)도 사고, 교토대학에 유학을 하던 동기생 김기원과 함께 그의 벤쯔를 타고 도오시샤(同志社) 대학의 윤동주비를 참배하기도 했고, 히에이상(比叡山)에도 갔다.

나고야 경제대학의 이누야마 캠퍼스에도 가보았다. 그곳 학교 당국자들과의 회식자리에서 '끼어들기'를 일본말로 잘 몰라 '에라 모르겠다'는 심정으로 '사시꼬미'라고 했더니, 옆자리의 직원이 '와리꼬미'라고 가르쳐 줘서 평생 잊어버릴 수 없는 단어가 생기기도 했다.

와세다에서 사까마끼(酒卷俊雄) 선생님과 저녁을 할 때 '너무 나대지 말라.'고 선생님의 충고를 받기도 했다. "내일 아침 7시에 시내에 책 구경 하러 가자."고 모리 상의 콘도에서 밤새 계획을 세우고, 다음 날 아침 일찍 나왔다가 가게 문이 열린 곳이 한 군데도 없는 것을 확인하고 서로 얼굴을 쳐다보며 웃었던 일도 잊을 수 없다.

학은(學恩)

선생님은 친구 분들의 제자들과 교분을 나눌 수 있는 기회를 나에게 만들어주시기도 했다. 그 덕에 나와는 띠 동갑 12살 연상인 일본대학의 이시야마 다꾸마(石山卓磨) 교수와는 형님처럼 지냈다. 내가 서울변호사회 총무이사와 대한변협 사무총장, 그리고 서울변호사회 회장을 할 때에는 늘 그를 찾아 정을 나누기도 했다.

내가 학자의 길로 가지는 못했지만, 일본 변호사단체와의 교류나 동경대학 방문학자 생활을 하면서 활발하게 활동할 수 있었던 것은 모두 다 선생님의 가르침 덕분이었다. "원효 한 빛이 천년 간다." 했던가! 선생님은 내 인생의 미찌시루베(道標)가 되셨다.

내가 학위를 받을 때 하신 선생님의 말씀도 잊히지 않는다.

"에이, 오 변호사, 날개 하나 더 달아주자."

나도 내가 얼마나 부족하고, 내 논문이 얼마나 가벼운 것인지 안다. 그래서 선생님의 학은에 더욱 감사드린다. 나는 선생님의 박사학위 논문이 '주식회사 감사제도에 관한 연구'인지도 모르고, 똑같은 제목으로 박사학위 논문을 썼다. 같은 제목으로 논문을 쓰겠다고 들이밀었으니, 얼마나 황당하셨을까! 이 글을 빌어 감사의 말씀과 사죄의 말씀을 아울러 올린다.

"무례와 무식을 용서해 주십시오."

아쉬움과 바람

선생님은 언제나 당당하시다. 아쉬운 것도 없고, 모자라는 바도 없다. 재능은 차고 넘쳐서, 서울에서 정년퇴직하신 후에는 일본에서 10년간 더 활동하시고, 그 후에는 문인으로 활동하시고….

선생님께도 조금은 부족한 부분이 있었더라면 좀 더 좋지 않았을까? 그랬더라면 우리들에게 좀 더 많은 곁을 주시지 않았을까?

그래도 나는 안다. 겉으로 가벼이 드러내지는 않으셨지만, 부족한 제자들을 보듬어 안고 앞날을 늘 걱정해 주셨다는 것을.

해암 이범찬 선생님과의 만남

유선기
(서강대학교 경제대학원 교수)

석사과정 시절 나의 지도교수는 임홍근 선생님이었고, 이범찬 선생님을 가까이 모실 수 있는 처지는 아니었다. 해암 선생님의 본격적인 가르침은 1993년도에 모교 박사과정에 상사법 전공으로 입학하면서부터라 하겠다.

박사과정에 들어가니 석사과정 때와는 달리 학문에 대한 시각과 학자로서의 자세를 종합적으로 엄하게 가르치셨다. 논문을 쓸 때에도 인용규칙을 철저히 따라야 한다고 일러주셨고, 따옴표의 표시 하나에도 그 사람의 정신과 혼이 숨어있다고 지적하셨다.

어떤 문장이든 핵심을 파악하고 간결하게 표현해야 한다고 강조하셨다. 장황하게 중언부언하는 것을 극히 싫어하셨다. 그러한 가르침 덕분에 나의 나쁜 습관도 많이 고쳐졌다.

지금에 와서 내가 석 박사과정에서 작성했던 논문들을 되돌아보면 부끄럽기 이를 데 없다. 잘못된 점이 많았겠지만 선생님께서는 언짢은 내색이나 꾸지람이 없이 나 스스로 잘못을 깨우쳐 고치도록 지도해 주셨다. 그렇게 해서 나의 박사논문도 완성이 되었다. 제목 선정부터 내가 근무하는 금융기관과 연관이 되는 금융법 쪽으로 선택하게 해주시었다. 그 당시에는 생소했지만 지금은 각광받고 있는 '전자상거래와 전자화폐의 법적인 문제'를 주제로 한 박사학위논문을 쓰게 되었다. 그 논문 덕에 직장생활이나 금융노조 간부로 활동할 때나 대학교에 있을 때에도 권위자로 대접을 받았다. 한 편 나 자신도 다른 사람보다는 더 열심히 성실하게 살려고 노력했다고 생각한다. 선생님께서 베풀어주신 큰 은혜를 잊지 못하면서도, 바쁜 사회생활을 핑계로 자주 뵙지도 못하는 게으른 제자가 되고 말았다.

명륜골 드나들 때를 되돌아보면 즐거웠던 추억도 많았다. 아무나 쉽게 외국에 나갈 수 없었던 시대에, 해암 선생님은 일본의 대학들과 교류를 활발하게 하셨다. 당신 혼자서 드나드는 것이 아니라, 제자들을 데리고 다니셨다. 1995년 겨울에 성균관 대학원생 방일연수단을 이끌고, 리쯔메이칸대학에서 열었던 '한일비교회사법연구'에 참가했던 일은 잊을 수가 없다. 이런 기회를 통해서 제자들에게 일본인 학자나 관계자들과 친교를 도모할 수 있는 기회를 만들어 주셨다. 또 외국 교수들과 발표하고 교류를 진행하시는 선생님의 탁월한 활동상은 후학들에게 큰 자극을 주었고, 안목을 넓히고 소중한 경험을 쌓는데 좋은 밑거름이 되기도 했다.

해암 선생님은 정년 이후에도 일본 나고야 경제대학에서 10년간이나 강의를 하셨다. 또 문인으로 등단하여 많은 수필집과 시집을 내는 등 활발하게 제2의 인생을 즐기시는 모습을 보면서, 나도 바쁘다는 핑계로 적당히 삶을 살아서는 안 되겠다는 각오를 새로이 하게 된다. 선생님이 어느새 미수를 맞이하시고, 제자들도 환갑을 지나고 있으니 새삼 세월이 무상함을 느끼지 않을 수 없다. 선생님 내외분 부디 평안하시어 백수 때도 지금처럼 건강하신 모습을 뵐 수 있기를 기원한다.

송암 선생님과

임충희

(전 국민고충처리위원회 수석전문위원)

대학 4학년 상사연습 시간이었다.

선생님이 미국 컬럼비아대학교 교환교수로 계시는 동안 우리는 상법을 제대로 배우지 못했다. 학우들이 상법을 어려운 과목으로 여기는데, 나는 그런대로 좋은 성적을 거두었기에 상사연습 시간에 케이스를 갖고 발표를 하였다. 발표가 괜찮았던지 연구실로 부르셨다. 앞으로 계획이 무엇이냐고 인자하게 물으신 기억이 새롭다.

계속 상법을 공부하고 싶다고 말씀은 드렸지만 마음이 무거웠다. 당시 남동생 둘과 학교 옆 와룡동 산꼭대기 두 평 남짓한 자취방에서 자취(17년간)를 하였던 나로서는 대학원이란 게 너무 먼 꿈이었다. 사법시험을 계속 응시하자니 동생들과 자취를 하는 처지에 하루 몇 시간이라는 절대 공부 량을 채우기가 어려웠다. 물론 사법시험에 몰입할 경제력은 더더욱 없었다. 동생들의 빨래, 식사, 도시락 등을 거두려면 절대적이고 물리적인 필수 시간이 불가능하였다. 그렇다고 졸업반인데 무언가 못 채운 목마름이 있었기에 취직하기도 망설여졌다.

사법시험을 위해 대학원에 진학하여 입대를 연기하려는 학우들의 불만(?) 속에 나도 대학원 시험을 쳤다. 대학원에 진학하자마자 선생님 곁에서 원고정리 등을 하며 공부하였다.

당시 선생님은 왕성한 연구와 원고 청탁이 많으셨기에 옆에서 열심히 도와드리면서 필력을 키워 나갔고, 생활비도 도움을 받았다. 조교생활과 함께 박사과정에 진학하여 지내던 중 당시 의료보험이 절실한 터라 선생님의 도움으로 대법원 법원행정처에 취직하면서 서울대학교 병원에서 두 차례나 큰 수술을 받았다. 그때 선생님께서 동료 교수님들과 함께 병문안 오셔서 "우리 충희 수술만 잘 되면 소 한 마리 잡아서 잔치를 벌여주겠다."라는 말씀을 하셨다는 걸 어느 교수님으로부터 들었다. 너무 감동이었다. 그러나 선생님은 내색도 하지 않으셨다. 평소 과묵하면서 제자를 은은히 사랑하시는 모습을 떠올리면 지금도 가슴이 뭉클해진다. 그래서 더 존경하고 있다. 나는 지금도 송암 선생님을 '교수님'이 아닌 '선생님'으로 부른다.

선생님 덕분에 대학 강단에 섰고, 못난 제자를 위해 교수 자리 알선해 주시려고 이리저리 고생하셨음을 나는 안다. 주위에서는 이러쿵저러쿵 말들도 많았지만 선생님이 내게 보여준 진심을 잘 알기에 어디서든 당당히 말을 한다. 재작년인가 어느 후배가 선생님에 대한 감정이 없느냐는 말을 하기에 단호히 혼을 내주었다. 진심이냐는 반문과 함께 이제야 선배님의 진심을 알게 됐다는 말에 씁쓸함을 느꼈다. 그동안 내가 학계나 선후배와 철저히 담을 쌓고 살아왔기에 오해도 있었겠지만, 그보다는 도움을 주지 못하는 어떤 교수나 선배들이 위하는 척하면서 던지는 말에 후배들마저도 세뇌되었던 것이다. 참 나쁜 사람들!

나는 교수사회에 환멸을 느껴 욱하는 마음(솔직하고 담백한 사람의 특성)으로 국민고충처리위원회에 취직을 하였다. 천직이었던 이곳에서 힘없고 억울한 국민들을 위해 주말까지 불철주야 일을 해왔다. 대학원 시절보다 더 날밤을 새우면서 행정의 사각지대에 놓여 있는 국민들을 위해 수많은 제도개선안을 만들었다. 청와대와 국회에 특별보고서를 내어 불합리한 제도를 개선하였고, 대통령으로부터 특별 표창도 받았다. 이것이 대학교수직에 진출하지 못한 한을 푸는 유일한 낙이었다.

그러나 나는 지금도 직업만 교수이지 자신의 이익만을 추구하는, 지극히 이기적인 사람들을 증오한다. 제자를 이용하고 후배를 오도하는 자들의 곡학아세(曲學阿世)와 의자연하는 모습이 가증스러워서….

내가 항상 측은지심과 수오지심을 갖고 지금껏 올곧게 살아온 것은 역시 송암 선생님의 은은하고 속 깊은 가르침의 덕이었음은 말할 나위도 없다. 천직이라 되뇌며 열정을 바쳤던 삶의 터전을 후배공돌이들의 자리를 위해 가뿐히 던지고 나온 돈키호테 같은 삶이었어도 마음만은 부자이니 참 못된 가장이려나. 그래도 가끔 회식자리에 불러주는 그들이 고맙고, 지적질 할 수 있는 스릴이 있어 좋다. 초가삼간도 없이 대지를 요로 삼고 하늘을 이불 삼아 허풍스레 내일을 기약하는, 마음만은 배부른 로맨티스트 음악가 라흐마니노프만큼이라도 닮아보려는 몸부림일까.

오랜만에 지난날을 반추하다보니 문득 의문이 생긴다. 원래 선생님의 호는 해암(海巖)이었다. 그런데 요즘은 송암(松巖)이란 호도 쓰신다. 아직 여쭈어보지는 않았지만 모두 선생님의 인성을 닮아 보여, 그냥 좋다.

선생님은 타고난 건강 체질인데도 부지런히 운동하시는 모습이 부럽다. 국내외 학계를 두루 섭렵하면서 법학자로서 평생 후학들을 기르시더니, 이젠 시인, 시조시인에 수필가로 왕성한 활동을 하시면서 모든 사람들의 감성을 일깨워주심에 심심한 경의를 표한다. 나도 초·중등학교 시절 충남도 내의 각종 백일장, 사생대회에 출전하여 수상한 전력이 있어서 그런지 은근히 감성이 꿈틀거린다.

어차피 선생님의 그늘을 벗어나지 못하는 처지인데 나도 언젠가는 머리에 빵모자를 걸치고 파이프를 물고 싶다. 염화시중(拈華示衆)의 은은한 웃음으로 손잡아 주실 듯하다.

어느덧 남한강가의 은은한 물안개처럼 선생님의 고매함이 자애롭게 스며든다.

시를 닮아 단아한 분, 시조를 닮아 어깨에 흥이 어린 분, 수필을 닮아 담백한 분. 일본인 상법학자 이시이 데루히사(石井照久) 교수의 간결체보다 더 간결한 문장으로 낙양(洛陽)의 지가(紙價)를 올렸던 분.

선생님의 문학세계와 제자사랑이 무한히 펼쳐지시길 바라는 마음에 나도 몰래 우쭐거려진다.

해암 선생님의 미수를 맞아

정규상

(성균관대학교 명예총장)

해암 이범찬 명예교수님은 나의 성균관대학 학창 시절의 은사님이시다. 나는 참 좋은 분을 은사님으로 모셨다. 선생님은 상법교수님이셨는데 인품이 훌륭하셨을 뿐만 아니라 학문적인 업적도 탁월하신 분이었다. 전체 줄거리를 잡기 어려웠던 상법도 선생님이 저술하신 '상법예해'를 읽고 나면 정확히 이해가 되곤 하였다. 선생님의 저술의 명쾌함은 당시 상법을 공부하는 많은 법학도들에게 상법을 이해하는데 아주 큰 도움이 되었음은 주지의 사실이다.

강의실 밖에서 일상생활적인 이야기를 하실 때에도 정제된 언어를 사용하시면서 사제지간의 정이 흠뻑 묻어 있는 그런 표현법으로 우리들의 존경심을 한 몸에 받는 분이기도 하셨다. 뿐만 아니라 선생님은 일상생활에서도 검소하고 소탈한 모습을 보여주셨다. 또 오늘날 우리 사회에서 절실하게 요구되는 덕목인 언행일치를 몸소 보여주시기도 했다. 그런 선생님이 벌써 미수가 되셨다니 믿기지 않지만 한편으로는 세월의 빠름을 새삼 실감하게 된다.

나는 민사소송법교수이셨던 경허 김홍규 교수님으로부터 박사학위 지도를 받았다. 비록 전공분야는 달랐지만 두 분의 교수님이 워낙 교분이 두터우셨던 관계로 나는 학창 시절부터 해암 선생님을 지도교수님과 똑같은 마음으로 모실 수 있었다. 그런 관계로 내가 사법연수원을 마치고 바로 대학교수로 나갔을 때 나의 첫 직장을 구하는데 결정적 도움을 주신 분이 바로 해암 선생님이시다. 당시 선생님의 제자이면서 인천대학교에서 법학과 학과장을 맡고 계셨던 김영선 상법 교수님으로부터 교수모집에 관한 정보를 받아 인천대학교에서 재직하게 된 발판을 마련해 주신 것이다. 인천대학교에 부임한 이래 교수초년병인 나에게 교수로서의 바람직한 생활상에 관해 많은 도움을 주신 김영선 선생님에게도 이 자리를 빌려 진심으로 감사드린다. 나는 2년 후 모교인 성균관대학교로 직장을 옮기게 되었다. 이때에도 해암 선생님은 나에게 큰 도움을 주셨다.

당시 내가 사법연수원을 마치고 법조인의 길을 걷지 않고 대학으로 가게 된 것은 부친의 영향력이 컸다. 당시 부친은 모범

독립가로서 산에 나무를 많이 심으셨다. 그런데 우리 형제들에게는 "나는 나무를 많이 심어 놓았으니 너희들은 사람을 키워라."고 하신 말씀이 씨가 되어 우리 형제자매 중에는 사람 키우는 일에 종사하는 사람이 많게 되었다.

나는 2015년에 성균관대학교 총장으로 취임하였다. 취임식 날 해암 선생님과 지도교수님의 사모님이신 정기숙 여사님을 같이 모셨다. 해암 선생님은 취임식에 참석하시면서 청출어람의 기쁨을 체험하신다는 소감을 축시로 써오셔서 낭송하여 주셨다. 그리고 정기숙 사모님은 자신보다 먼저 돌아가신 부군을 떠올리시면서 "우리 그분이 살아 계셨다면 지금 이 순간을 얼마나 기뻐하셨을까요."하며 눈물을 흘리셨다. 바로 이런 두 분 선생님들의 자양분 속에서 나는 성장할 수 있었다. 취임식 날 600여 년의 전통을 자랑하는 성균관대학을 세계무대에서 명문대학의 반열에 올려놓기를 기원해 주신 해암 선생님의 축사가 지금도 생생하다. '초심을 잃지 말고 총장 재임기간 동안 새 역사를 쓰라.'는 선생님의 격려말씀에 힘입어, 성균관대학교는 나의 총장임기 마지막해인 2018년에 THE세계대학평가에서 82위에 오르게 되었다. 이런 결과가 오게 된 것은 언행일치로 매사에 솔선수범하시고 말씀에 책임을 다 하시는 해암 선생님의 인생관을 본받아 노력한 결과라고 생각한다.

해암 선생님은 성균관대학교에서 정년퇴임하신 후 문단에 진출하셔서 성공적으로 제2의 인생을 살고 계신다. 그간에 출간된 선생님의 저작물 속에서 나도 저자인 선생님과 하나가 되어 마음의 여유와 풍요를 만끽해 본다. 동시에 글의 내용 하나하나를 앞으로의 나의 삶에 대입하여 나도 선생님과 같이, 마음이 여유로운 삶의 궤적을 일구어 나갈 것을, 미수를 축하드리는 이 자리에서 조용히 다짐해 본다. 부디 이제부터는 건강에도 더욱 힘쓰셔서 앞으로도 우리들의 삶의 나침반이 되어주시길 진심으로 기대해 본다.

일생 최고의 만남

최준선
(성균관대학교 법학전문대학원 명예교수)

고희를 바라보는 시점에서 돌이켜보면, 내 일생 최고의 만남은 스승님과의 만남이었지 싶다. 20대에 스승님을 뵘으로써 나머지 50여 년의 행로가 바뀌었기 때문이다.

본래 貴人이란 '사회적 지위가 높고 귀한 사람'을 말한다고 국어사전에는 풀이하고 있다. 그러한 분이 어떤 다른 사람에게 영향을 미쳐 그 다른 사람이 인생의 행로를 바꾸는 경우가 있다. 우리가 보통 귀인을 만났다라고 할 때는 '인생을 바꾼 일생 최고의 만남의 대상이 되는 분'을 만났다는 뜻이 된다. 그러므로 스승님이야말로 나에게는 '사회적 지위가 높고 귀한 사람'이면서 동시에 '내 인생을 바꾼 일생 최고의 소중한 분', 즉 귀인인 셈이다.

내가 석사과정에 입학하여 멍청하게 시간을 보내던 어느 날, 학교에서 동급생인 김인호 군을 만났다. 석사과정 수업 중에 몇 번 만났는데, 타 대학교를 졸업하고 석사과정만은 성균관대학교 대학원 법학과에 입학한 학생이다. 그가 자기 집으로 나를 데리고 간 적도 있는데, 부유한 집안에 태어난 멋쟁이이었다. 가난한 시골 출신의 자취생인 나를 집으로 초대해준 것도 그 친구가 처음이었다. 석사과정 졸업 후 그는 학문이 아닌 다른 길로 갔기에 안타깝게도 그 후의 소식을 모르는데 지금도 가끔 그가 생각난다.

어느 날 학교에서 우연히 그를 만났을 때, 교수회관에 있는 이범찬 교수님 연구실을 방문하려고 하는데 나도 함께 가자고 했다. 그래서 주변머리 없는 나는 석사과정에 들어와서야 비로소 '교수연구실'이라는 데를 가 보았다. 김인호가 귀인이신 선생님을 만나게 해 주었는데, 이 두 분이 바로 내 인생의 은인이 되었다. 석사과정 졸업, 박사과정 졸업, 숭실대학교에서의 첫 강의, 전북대학교에 취직, 성균관대학교로의 전근 등 내 삶의 결정적인 순간마다 스승님의 은혜를 입었다.

스승의 가르침은 스승의 존재 자체로부터 나오는 것이니, 스승의 가르침은 입에서 귀로 전달되는 것이 전부가 아니다. 영혼으로 듣고 이해되어 지혜로 나타나는 것이다. 그런 점에서 존경심이 우러난다. 물론 스승님은 가끔 고질적인 문제를 기탄없이 지적해 주시기도 하셨다. 어릴 적 수많은 소설을 탐독했던 나는 문장에 있어 만연체를 구사하는 버릇이 생겼는데, 이 점을 스승님은 늘 따끔하게 지적해 주셨다. 참으로 고마운 충고였다.

스승님은 2016년에 『나는 자랑스러운 군인이었노라』라는 이제현의 유고 자서전을 쓰셨다. 대한민국 육군 중령, 스승님의 친구이고 매제인 이제현 님의 파란만장한 일대기이다. 이 책은 스승님께서 발간한 수많은 비전공 걸작 서적 중의 하나인데, 단숨에 독파하고 말았다.

오래전 나는 정조 임금 때 武官이었던 노상추(盧尙樞, 1746년~1829년)의 『노상추 일기』를 읽은 적이 있다. 우리는 모두 不滅을 원한다. 큰 불멸은 내가 모르는 다른 사람이 나를 기억해 주는 것이고, 작은 불멸은 내가 아는 사람이 나를 기억해 주는 것이다. 스승님은 『나는 자랑스러운 군인이었노라』를 통하여, '작은 불멸'도 누군가의 노력으로 '큰 불멸'로 승화될 수 있음을 보여주셨다. 마치 장군 이순신이나 임금 세종과는 비교할 수도 없는 노상추 라는 하급 관리가 그가 알지 못하는 현 시대의 凡夫에게까지 알려져 큰 불멸로 남아 있는 것과 같다. 스승님도 자랑스럽게도 수많은 저술을 통해 큰 불멸로 들어서셨다고 느낀다. 항상 간결하고 유려하며 문법에 어긋나지 않는 정확한 문체, 아름다운 문장도 그 불멸의 징표이다.

작년에 『松巖의 自畵像』을 펴내시게 되었을 때 본인이 하서를 쓰면서 스승님께서 부디 건강하셔서 20년 후인 2038년에도 다시 회고록을 쓰시고, 그때도 소생에게 축하의 글월을 올릴 기회를 주십사고 간절히 기원했다. 그 기대는 당연히 지금도 유효하다. 부디 건강하시고 더욱 왕성하게 활동하셔서 불멸의 영혼이 별처럼 빛나기를 기원해 본다.

사마헌의 추억

한석훈

(성균관대학교 법학전문대학원 교수)

누구나 학창 생활은 현실로서는 미래가 불안스럽고 자신을 극복하며 지내야 하는 힘든 시기이지만, 지나고 나서 보는 과거로서는 아련한 그리움이 묻어나는 소중한 시기이다. 나의 학창 시절 중 새로운 사람들과 인연을 맺고 다양한 경험과 많은 사색을 하면서 성장했던 시기는 고교 시절이 아닌 대학 시절이다. 법학은 그저 조문이나 암기하면 되는 학문으로만 알고 있던 나에게 상법의 드넓은 바다에 빠뜨려 스스로 헤엄칠 수 있는 힘을 길러주신 분이 이범찬 교수님이시다. 이범찬 교수님은 당시 상법을 공부하는 거의 모든 법학도들의 필독서인 『상법예해』도 명쾌하게 저술하셨지만, 강의 또한 물 흐르듯 막힘없는 명강의를 하시는 분이셨다. 덕분에 복잡한 상법을 만만하고 쉬운 학문으로 착각하여 전공 학문으로 선택하고 지금까지 모교 로스쿨 강단에서 상법을 강의하고 있다.

당시 사마헌은 주로 법학과 2학년생부터 4학년생까지 사법시험을 본격적으로 준비하는 학생들만 모아서 함께 공부할 수 있는 큰 방 2~3개와 간이숙소를 제공하였는데, 지금의 성균관대학교 600주년기념관(당시에는 문과대학 건물)과 중앙학술정보관(당시의 중앙도서관) 사이의 별관 단층건물에 있었다. 사마헌에서는 연례행사로 이범찬, 고상룡, 김종원, 한창규 교수님 등 법과대학 교수님들을 모시고 학생들의 야유회를 근교에서 개최하여 고시준비반 학생들의 부족한 영양도 보충시키며 격려해 주곤 하였는데, 여흥시간에 이범찬 교수님의 단골노래인 '섬마을 선생님'을 들었던 기억이 생생하다.

"해당화 피고 지는 섬마을에 철새 따라 찾아온 총각선생님~"

아마도 교수님께서 소탈하게 부르시는 이 노래의 가사가 전쟁처럼 치열했던 사법시험 공부생활과 극명하게 대비되어 언제까지나 기억 한편에 생동하고 있는 듯하다. 당시 사마헌에서 함께 공부했던 분들 중에는 사법시험을 수석으로 합격하고 대법관을 역임하신 조재연 선배, 검사생활을 거쳐 국무총리를 역임하신 황교안 선배, 현재 성균관대학교 로스쿨 교수이신 박광민 선배, 아주대학교 로스쿨 교수이신 최진안 선배, 후배로는 이영진 헌법재판관 등이 있었다. 사마헌은 그밖에도 무수히 많은 법조계 인사들을 배출하는 풍성한 결실을 거두었고, 사마헌 입구에 걸려있던 '司馬軒'이란 낯익은 대형 서예 액자는 사법시험제도가 폐지되고 로스쿨 제도가 도입되면서 건립된 법학관 4층 중앙홀로 옮겨와 새로운 법조인들의 탄생을 지켜보고 있다.

초라한 사마헌 건물은 지금은 흔적도 없이 사라졌지만 오갈 데 없는 고시생들에게는 훌륭한 숙소였었다. 사마헌 간이숙소는 드넓은 온돌방이었는데, 수십 명이 그저 이불 펼 자리 하나 확보하여 하루 종일 공부에 매달렸던 고단한 몸을 쉬어가곤 하였다. 봄이면 주위를 싱그럽고 화사하게 안아주던 개나리, 진달래 꽃향기가 다정했던 기억이 새롭다. 그런가 하면 개학과 더불어 시작되는 연례행사인 학생들의 민주화 시위와 매캐한 최루탄 내음, 1980년 5.17. 비상계엄 확대조치와 더불어 한밤중에 학교에 난입한 계엄군의 폭력에 사마헌 숙소에 남아있던 학생들이 겪었던 고초 또한 잊을 수 없는 사마헌의 추억이다.

그 후 사법시험에 합격하고 법조인으로 종사하면서 정년퇴임을 앞둔 이범찬 교수님을 석사학위 지도교수님으로 모시게 되었는데, 이때 학문의 길로 인도된 것이 계기가 되어 교수님의 제자이신 최준선 교수님을 박사학위 지도교수님으로 모시게 되었고, 로스쿨 제도가 시행되면서 상법 교수로서 모교의 강단에도 서게 되었다. 이범찬 교수님께선 지금은 문단에서 활발하게 활동하시지만 옛 제자들과의 인연도 귀하게 여기시고 제자들을 소탈하게 대하시는데, 이러한 교수님의 모습 또한 교단에 있는 나에게는 큰 가르침이 아닐 수 없다.

지금도 법학관 4층 중앙홀에 걸린 검여 선생의 힘찬 서예 작품인 사마헌 액자를 바라볼 때면 젊은 날 사마헌에서 겪었던 달고 쓴 추억들이 기억 저편에서 떠오르곤 한다.

이름 지어주는 분

황교안

(자유한국당 대표)

황군!

교수님은 저를 늘 "황군!"이라고 부르셨습니다. 저의 입장에서는 사실 지금까지 그런 호칭을 한 번도 들어본 적이 없었습니다. 그런데, 이 교수님께서 부르시는 이 호칭이 왠지 참 훈훈하게 느껴졌습니다. 저를 존중하시면서도 가깝게 느껴지게 하는 호칭이었기 때문입니다. 저는 그 이전은 물론 그 이후 누구로부터도 이 호칭을 의미 있게 들어본 적이 없었습니다. 이 교수님만의 호칭이 된 것이지요.

최근 이 교수님께서 제게 새로운 호를 하나 지어주셨습니다. '덕산(德山)'입니다. 지금 제 나이에 딱 맞는 호였습니다. 교수님께서는 늘 제게 이름을 정해주시는 분이 되셨습니다. 그러고 보면 '이름 지어주는 관계'는 참으로 귀한 것이라는 생각이 듭니다. 이 교수님은 그만큼 제게도 귀한 분이십니다.

교수님께서 지도해 주셨던 학창 시절을 거쳐 저희가 오늘에 이르렀습니다. 지금도 열정적인 교수님을 뵈면서, 저희를 다시 돌아보게 됩니다.

"교수님, 건강하십시오."

작가 연보

해암(海巖) 이범찬(李範燦) 교수는 1933년(癸酉) 4월 1일(陰 3월 7일), 전주이씨(全州李氏) 광평대군(廣平大君)의 제16대손 창하(昌夏, 1894. 7. 10.~1970. 4. 24.)와 서(徐, 達成) 분이(分伊, 1899. 3. 17.~1985. 11. 6.)의 독자로 경기도 여주시 가업동 49번지에서 태어났다.

1963년 1월 3일 김(金, 慶州) 자환(慈煥, 1936. 1. 18)과 결혼하여 슬하에 장남 성종(誠鍾)과 자부 곽분선(郭分先), 손녀 지윤(知倫)과 진경(眞京), 차남 영종(榮鍾), 장녀 수정(秀貞), 삼남 민종(旻鍾)과 자부 이지은(李知銀), 손자 규성(揆成)을 두고, 현재 서울시 서초구 바우뫼로 31길 28, 301호(양재동, 양재파크빌라)에서 살고 있다.

1. 해암 이범찬 교수의 약력

학력

1941. 3~1946. 7. 여흥초등학교
1946. 9~1951. 10. 여주농업중학교
1951. 10~1952. 3. 여주농업고등학교
1952. 4~1953. 3. 서울대학교 농과대학 부치 중등농업교사양성소
1953. 4~1960. 3. 서울대학교 법과대학
1958. 4~1960. 3. 서울대학교 대학원(법학석사)

1975. 2. 동국대학교 대학원에서 법학박사학위 취득

1980. 7～1981. 7. 미국 Columbia University에서 회사법 연구(객원교수)

1992. 8～1993. 2. 일본 리쯔메이칸대학에서 회사법 연구(객원교수)

경력

1953. 7. 27 제대(육특(丙) 160호, 육군 이등병, 군번 0787751)

1960. 4～1961. 3. 국민대학 강사

1961. 4～1961. 8. 국민대학 전임강사

1962. 3～1964. 2. 국민대학 강사

1963. 11～1966. 2. 이화여자대학교 법정대학 전임강사

1975. 3～1975. 7. 이화여자대학교 법정대학 교수

1975. 7～1998. 8 성균관대학교 법과대학 교수

1984. 3～1988. 1. 성균관대학교 법과대학 학장

1988. 2～1990. 2. 한국상사법학회 회장

1998. 8. 31. 성균관대학교 법과대학 정년퇴임, 국민훈장 석류장

1998. 9. 1~ 현재 성균관대학교 법과대학 명예교수

1999. 4. 1~ 2007. 3. 31. (일본)나고야경제대학 교수

2005. 8. 『수필문학』으로 등단(수필)

2007. 1. 20. 한국수필문학가협회 이사

2007. 4. 1~ 2009. 3. 31. (일본)나고야경제대학 객원교수(전임)

2007. 4. 1~ 현재 (일본)나고야경제대학 명예교수

2007. 12. 한국문인협회 회원

2008. 6. 『문학시대』로 등단(시), 문학시대시회 회원

2008. 11. 문학의 집·서울 회원

2012. 9. 8. 제8회 원종린수필문학상(작품상) 수상

2016. 6. 25. 제6회 월산문학상 수상
2018. 4. 제16회 대한민국서예문인화대전 문인화부문 입선
2018. 8. 제15회 한국추사서예대전 문인화부문 입선
2019. 6. 제17회 대한민국서예문인화대전 문인화부문 삼체상 수상
2019. 8. 제16회 한국추사서예대전에서 문인화부문 입선

2. 해암 이범찬 교수의 연구실적

저서

1965. 5.	상공인의 상업법규	향문사
1966. 9.	상법예해(상)(서돈각·이범찬 공저)	법통사
1970. 5.	경영자(차낙훈·이범찬 외 4인 공저)	신영출판사
1972. 6.	상법예해(하)(서돈각·이범찬 공저)	국민서관
1973. 5.	상법강의(하)	국민서관
1976. 6.	주식회사감사제도론	법문사
1978. 9.	신공업소유권법(이범찬·이수웅 공저)	지학사
1979. 4	상법강의	국민서관
1982. 5.	객관식 상법요해	삼영사
1984. 3.	상법개정안해설(손주찬·이범찬 외 4인 공저)	삼영사
1984. 4.	개정상법해설(손주찬·이범찬 외 4인 공저)	삼영사
1984. 9.	체계상법판례집3-1(이범찬·임홍근·김현무 공편)	삼지원
1988. 12.	예해상법 상권	국민서관
1989. 1.	주식회사의 감사제도	한국상장회사협의회
1989. 6.	주석상법(Ⅱ-하)(손주찬·이범찬 외 4인 공저)	한구사법행정학회
1990. 5.	대학교육 · 사회과학분야(이돈희·이범찬 외 12인 공저)	대왕사

1993. 2 체계상법판례집 3-1, 3-2, 3-3 (이범찬·임홍근·김헌무 공편) 성균관대학교법학연구소

1994. 10. 韓國會社法論(日本) 晃洋書房

1995. 5. 상법개정안해설(손주찬·이범찬 외 6인 공저) 법문사

1996. 2. 〔제6판〕 상법요해 삼영사

1997. 2. 주식회사의 감사제도(이범찬·오욱환 공저) 상장회사협의회

1997. 2. 〔제4판〕 상법개론(이범찬·최준선 공저) 삼영사

1997. 8. 상법(하) (이범찬·최준선 공저) 삼영사

1997. 12. 〔제7판〕 상법요해 삼영사

1998. 9. 현대주식회사의 기관구조(이범찬·염정의 공저) 삼지원

1998. 12. 회사법의 제문제 삼지원

1998. 12. 해암의 자화상 삼지원

1999. 7. 주석 상법(Ⅲ)[회사법(2)](손주찬·이범찬 외 4인 공저) 한국사법행정학회

2001. 2. [제7판] 상법개론(이범찬·최준선 공저) 삼영사

2001. 8. [제3판] 상법 (하)(이범찬·최준선 공저) 삼영사

2001. 11. 한국회사법(이범찬·임충희·김지환 공저) 삼영사

2002. 7. [제3판] 상법 (상)(이범찬·최준선 공저) 삼영사

2003. 4. [第2版] 比較企業法講義(日本語版) 三知院

2003. 4. [제4판] 주석 상법 [회사(Ⅲ)] (손주찬·이범찬 외 5인 공저) 한국사법행정학회

2003. 10. [제11판] 상법요해 (이범찬·김지환 공저) 삼영사

2004. 5. 韓國會社法講義(日本語版) 三知院

2004. 7. 韓國法概說(日本語版)(李範燦·吳旭煥·金知煥 共著) 三知院

2006. 4. 기행문집 『지구촌의 여정』 교음사

2007. 4.	수필집 『원숭이 목각』	교음사
2008. 7.	시집 『바닷바위의 노래』	마을
2008. 12.	大韓民國法槪說(日本語版)(李範燦·石井文廣 共編著)	成文堂
2009. 7.	시집 『시클라멘을 마주하고 앉으면』	마을
2010. 2.	수필집 『늙마의 외도』	소소리
2010. 10.	시조집 『가을로 가는 나들이 노래』	마을
2011. 11.	시조집 『노을력을 달구며』	마을
2012. 8.	기행문집 『발길 따라 물길 따라』	소소리
2013. 6.	시조집 『푸른 동산』	마을
2014. 9.	수필집 『어차피 가는 길을』	소소리
2015. 5.	시조집 『바람 따라 구만리』	마을
2016. 1.	기행문집 『낯선 땅을 찾아』	소소리
2016. 5.	편지모음 『늦깎이 글집의 자국들』	소소리
2017. 3.	수필집 『들판을 달리며』	소소리
2017. 6.	시조집 『길손의 노래』	마을
2017. 9.	편지모음 『내 글집의 자국들』	소소리
2017. 12.	수필선집 『발자국을 돌아보며』	소소리
2018. 2.	『제2판 회사법』(이범찬 · 임충희 · 이영종·김지환 공저)	삼영사
2018. 4	회고록 『송암의 자화상』	소소리
2019. 2.	시조집 『산마루를 오르며』	마을
2019. 10.	수필집 『어느 결에 팔팔(88)이』	소소리

번역서

1961. 6.	법의 새로운 길(고병국·이범찬 공역) (Roscoe Pound, New Path of the Law)	법문사

1986. 3. 현대상사법의 과제(이범찬·최준선 공역)
(Clive M. Schmitthoff, Commercial Law in a
Changing Economic Climate) 성균관대학교출판부